库管员实务

主　编　梁庆华

北京理工大学出版社
BEIJING INSTITUTE OF TECHNOLOGY PRESS

版权专有　侵权必究

图书在版编目（CIP）数据

库管员实务 / 梁庆华主编. —北京：北京理工大学出版社，2020.9
ISBN 978-7-5682-7047-2

Ⅰ.①库… Ⅱ.①梁… Ⅲ.①仓库管理-中等专业学校-教材 Ⅳ.①F253

中国版本图书馆 CIP 数据核字（2019）第 090410 号

出版发行 / 北京理工大学出版社有限责任公司
社　　址 / 北京市海淀区中关村南大街 5 号
邮　　编 / 100081
电　　话 / (010) 68914775（总编室）
　　　　　 (010) 82562903（教材售后服务热线）
　　　　　 (010) 68948351（其他图书服务热线）
网　　址 / http：//www.bitpress.com.cn
经　　销 / 全国各地新华书店
印　　刷 / 定州市新华印刷有限公司
开　　本 / 787 毫米×1092 毫米　1/16
印　　张 / 11.5
字　　数 / 273 千字
版　　次 / 2020 年 9 月第 1 版　2020 年 9 月第 1 次印刷
定　　价 / 36.00 元

责任编辑 / 张荣君
文案编辑 / 代义国
责任校对 / 周瑞红
责任印制 / 边心超

图书出现印装质量问题，请拨打售后服务热线，本社负责调换

目录 CONTENTS

第一章 库管员岗位认知 …… 1
- 第一节 库管员的工作内容 …… 3
- 第二节 库管员的职业定位 …… 7
- 第三节 库管员的岗位要求 …… 11

第二章 仓库管理基础知识 …… 17
- 第一节 仓库管理概述 …… 19
- 第二节 仓库的类型及设备 …… 23
- 第三节 物品包装知识 …… 29

第三章 仓库管理作业规划 …… 44
- 第一节 日常作业管理 …… 46
- 第二节 仓库货区划分 …… 53
- 第三节 仓位规划管理 …… 62
- 第四节 货位规划作业 …… 66
- 第五节 物品编号管理 …… 69

第四章 物料收发工作流程与管理 …… 74
- 第一节 物料接收 …… 76
- 第二节 物料发放 …… 85
- 第三节 物料退还 …… 91

目 录

第五章　库存物料的盘存和保管 …… 94
第一节　物料储存作业 …… 96
第二节　物料盘点作业 …… 107
第三节　库存物料的保管 …… 112

第六章　物品搬运作业 …… 124
第一节　物品搬运的基本知识 …… 127
第二节　物品搬运技能 …… 131
第三节　物品搬运的优化 …… 137

第七章　仓库安全卫生管理 …… 144
第一节　安全作业管理 …… 146
第二节　仓库消防管理 …… 149
第三节　仓库治安管理 …… 154
第四节　仓库卫生管理 …… 156

附　录　仓库账卡与记录范本 …… 163

参考文献 …… 178

第一章

库管员岗位认知

> 仓库管理员简称库管员,是负责仓库管理的基层管理人员。要想出色地完成这份工作,库管员对该职业进行全面的把握是十分必要的。

知识目标

- 明确库管员的工作内容和基本职责
- 了解库管员的岗位要求

技能目标

- 能够正确行使库管员的职业权限
- 能够在仓库管理过程中充分运用专业知识

第一章 库管员岗位认知

知识导图

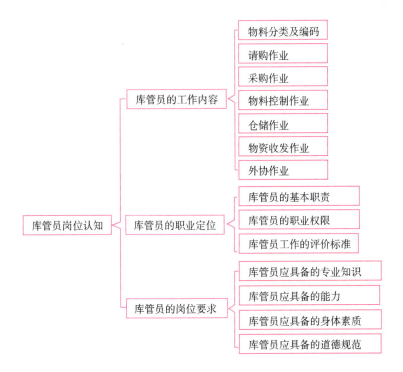

引导案例

马华是郑州西郊某公司的库管员，统管成品仓库的一切事宜。

马华每天7：30到岗，打扫完卫生，便整理前一天公司业务部报过来的单子。该发样品的，他就找好样品并包装完整，将填写好的快递单子贴在样品包装上，并放在样品专区，等快递员下午来取。10：00左右，车间的货陆陆续续地做好，一件一件地送往成品库。马华给每一件货打包，贴上标签，并将不同客户的货摆放在不同地方。

11：30开饭，13：00上班。整个下午车间不停地出货，若成品库堆不下就要往走廊里堆。

17：00，物流公司的车到达，马华指挥着物流公司的人搬运货物并装车。18：00下班，有时马华还要加班。

第一节　库管员的工作内容

库管员不是搬运工，而是对材料存储的妥善管理者。库管员要对公司负责，对物料编码的方式应该以方便查找为原则。库管员应该对仓库进行妥善规划，不仅仅是仓库使用规划，还包括材料采购规划、物料控制规划、收发规划等内容。

一、物料编码工作

物料编码是唯一标识物料的代码，通常用字符串（定长或不定长）或数字表示。物料编码是电脑系统对物料的唯一识别代码，一组代码代表一种物料。物料编码必须是唯一的，一种物料不能有多个物料编码，一个物料编码也不能对应多种不同规格的物料。物料编码工作的三个方面如图1-1所示。

图1-1　物料编码工作的三个方面

二、请购作业

请购就是单位内部的员工对于工作或生产中需要用到的办公用品、原材料等物料的需求，向上级部门或供应部（或叫采购部）提出采购请求的过程。原则上，物料的采购由采购员负责，但对于小部分物料（如包材等），有些公司由库管员负责请购。库管员根据物资的储备量情况及时向采购员提出采购要求并协助采购员采购。库管员的请购工作流程如图1-2所示。

图1-2　库管员的请购工作流程

第一章　库管员岗位认知

三、采购作业

物料请购工作完成以后，库管员要及时了解采购工作进度。通常采购工作由专门的采购员负责，但是对于一些小型企业来说，采购工作也会安排给库管员。采购作业的内容如图1-3所示。

图1-3　采购作业的内容

四、物料控制作业

物料控制作业旨在规范工厂物流仓储管理，有效指导物流库管员对采购物料的验收入库、物料保管、物料出库、退仓等环节的业务管理；严格控制物料出入库，优化库存，降低物流成本，减少经营风险，提高经济效益。购料控制作业的内容如图1-4所示。

图1-4　物料控制作业的内容

第一节　库管员的工作内容

五、仓储作业

仓储作业是库管员的基本职责之一。库管员要对库位进行妥善规划，标识清楚堆放的物料和成品，妥善进行物料的出入库管理，做到账实相符。因此，库管员要经常盘点物料，对于呆废物料及时进行处理，向上级管理人员反馈超储积压与储存不足信息，同时提供库存的静态和动态资料，做好安全维护工作。仓储作业的内容如图 1-5 所示。

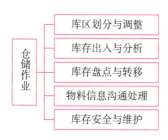

图 1-5　仓储作业的内容

六、物资收发作业

货物进仓，需核对订单。进仓物料料号、名称、规格型号、数量与订单相符合方可入仓。库管员应严禁无订单收货；因生产紧急等特殊情况需请示上级和订单管理部门并获得授权、同意可变通办理，但订单管理部门必须在一个工作日内补下订单。严禁超订单收货。合理损耗领料或计量磅差或机台最少生产数量等因素导致的少量超订单收货，应控制在合理范围内并符合相关管理规范或规定。货物进仓，必须采用合适的方法计量、清点准确。大批量收货可采用一定计算接收该批货物。货物进仓，需办理质量检验手续。外协、外购物料/产品必须填报报检单，特别地，对抽检不合格而生产部门要求"回用"或"挑选使用"的物料，必须符合相关流程和审批手续，而且库管员必须在签收时注明"不合格回用"或"挑选使用"字样。自产成品、零部件，必须凭当批次质检合格的文件；部分客户的产品还需有客户确认合格的文件。车间不合格产品、物料进仓或退仓的，进仓后应在专门的不良品区域单独存放并做好明显标识，严禁与正常物料、产品混合堆放。物料入库作业模式如图 1-6 所示。

图 1-6　物料入库作业模式

货物出仓，必须有出仓凭证、指令。所有计划外发料和非生产性发料，都需经经理或厂长签字。车间领料的，必须是车间指定人员；本公司送货的，送货人/提货人必须是业务部门及资材部指定人员；外单位自行提货的，必须核对提货人身份及授权委托。对外送货发出，必须在第一时间取得加盖收货单位公章和收货经办人签字的签收回执或收货凭证。正常生产发料和成品出仓的物料必须是合格物料。不合格物料和产品发出，必须符合相关规定、流程，有审批手续。严格按照先进先出办法发货备料。物料出库作业模式如图1-7所示。

图 1-7 物料出库作业模式

具体到某一个公司，库管员应该按照公司规定执行物资收发作业，具体涉及以下方面：

(1) 收料领料的规定。

(2) 进仓物料点收及多交与少交的处理。

(3) 检验及复检的规定。

(4) 检验结果的处理。

(5) 库位规划与整理。

(6) 库存核点与账物核对。

(7) 提供有关收发信息。

(8) 先进先出与以坏换新的规定。

(9) 物料退库与退供方法的规定。

(10) 外协加工交运的管理。

(11) 成品库位规划。

(12) 成品缴库点收与核对。

(13) 成品出库控制。

(14) 成品保管、整理、标识与安全维护。

(15) 库存盘点与账物核对。

(16) 退货申报与处理。

(17) 待修品申报与处理。

(18) 呆废品申报与处理。

(19) 提供有关成品静态、动态信息。

七、外协作业

外协作业是为了公司生产需要，由本公司选择并由其他公司实施生产的过程。公司通常要确保对外协过程的控制。库管员在外协作业中主要负责外协件的出入库管理与用料结算。库管员日常主要负责以下方面的工作。

（1）维护外协仓库台账，保证数据准确，做到账实相符、账单对应。
（2）核对外协仓库每日的收料单，核对数据。
（3）跟踪有质量问题的物料的退、收、流动。
（4）跟踪物料在不同外协仓库之间的调拨。
（5）推进新系统上线，测试新系统，指导外协仓库员工使用新系统。

第二节　库管员的职业定位

一、库管员的基本职责

库管员的基本职责如下：
（1）上岗后第一时间对仓库的门、窗及各库区存放的物资进行巡检，发现异常立即报告。
（2）每天下班前对各库区的门、窗等进行检查，确认防火、防盗等方面无隐患后才可离岗下班。
（3）打开各库区的门、窗一小时（每天一次），让空气对流，更换库内空气。
（4）每天打扫库内地面卫生，地台板要摆放整齐。周末应打扫库内天花板、墙壁上的蜘蛛网、积尘，并擦洗玻璃窗。
（5）每天打扫库区外围地面卫生，疏通库房四周的排水渠道。库房四周的排水渠道不准被落叶、垃圾或杂物堵塞。
（6）每天检查一次库区内外的防火设施，发现问题时要立即整改并向主管报告。
（7）每周检查一次库房建筑物，发现漏雨、渗水等异常情况要及时报告。
（8）合理安排库内堆位，预留足够的出入通道及安全距离、安全高度。督促装卸工按指定堆位整齐叠堆。发现货堆倾斜欲倒时要立即纠正，不能拖延。不准在货堆上及货堆旁的通道上行走、坐、卧。
（9）仓库内的每一堆货物应在显眼处挂上货卡，并设立相应账目。货卡和账面上的货品名称、批号、规格、数量与货品实物应完全一致。
（10）货物进出仓时，库管员应依据进仓单、提货单核准进出物资的名称、批号、数量，准确地收发货。收发完毕应立即填写挂在货堆上的货卡并立即入账。

（11）严格把好入库物资验收关，做好各种验收数据记录；发现变质物资拒收入库；所有材料坚持先进先发、后进后发，以防保管期过长导致变质。

（12）加强入库验收管理，发现锈蚀物资拒收入库；入库的物资配件、轴承等每月进行一次保养涂油，保证库内干湿度合理，以防锈蚀。

（13）所有易碎器材，必须轻拿轻放；入库上架时排列在明显位置，以防压、撞、打。

（14）要按规定尺寸苫垫，保持库内干湿度合理。若发现干湿度超过规定，要及时开门通风，保证物资完整，不易变质。

（15）所有怕潮物资，应入库上架的要及时上架。料库、料区潮湿的应按规定把下垫尺寸增高50%。

（16）橡胶制品、木材、胶合板等物资须入棚、入库并合理堆码，以防干裂。

（17）劳保品、皮毛制品等物资，每年入秋之前进一步晾晒并放置卫生球，以防虫蛀。

（18）坚决拒绝手续不齐的物资进出。对于货物的正常进出，库管员要按要求填写各类单据，特别是放行条。无放行条时坚决不准货物出厂。

（19）收发货后相关的单据应迅速分流到相关部门，不允许延误甚至遗失。

（20）库管员保管的单据、账本应妥善保管，平时应该上锁，节假日应加封条。

（21）按时做好库存报告（每周一次）和仓库月报，做好各时段的盘点工作。

知识拓展

怎样做一个合格的库管员

仓库管理是一个企业的重中之重。仓库能否发挥它原有的调配功能，并促进单位各项工作科学、安全、高效有序、合理地运行，取决于库管员的能力。那么怎样才能做一名合格的库管员呢？

1. 提高政治素质和业务素质

库管员素质的高低是能否完成物资仓储任务的关键。要做好仓管工作，首先具有良好的政治素质和职业道德。

（1）坚持四项基本原则，树立为人民服务、为生产服务的思想。

（2）热爱仓储工作，奉行诚信做人、尽职尽责的行为准则。

（3）树立"兴我荣，衰我耻"的责任感和使命感。

（4）爱护国家财产、团结协作，要挑重担、遵纪守法、不谋私利。

（5）具有较强的责任心和责任感，认真坚守岗位。

2. 具备一定的基本技能和知识结构

另外，一名合格的库管员还要具备良好的业务素质，具有一定的基本技能和知识结构。

第二节 库管员的职业定位

(1) 正确贯彻执行国家有关仓储管理的方针、政策和法规。

(2) 熟悉仓储管理全过程,具有独立做好物资收发保管业务。

(3) 熟悉分管物资的技术保管规程,能鉴别分管物资的质量变化,会根据分管物资特性采取相应的维护保养措施。

(4) 进行调查研究,总结、推广物资保管方面的先进经验,编制报表,书写报告。

(5) 具备政治、法律知识,以及经济学知识和专业理论知识。

3. 做好仓库日常管理工作

作为一名合格的库管员,首先要做好仓库日常管理工作,从设置物资和产品的明细账簿和台账开始。原材料仓库必须根据实际情况和各类原材料的性质、用途、类型分门别类建立相应的明细账、卡片;半成品应按照类型号及规格、型号设立明细、卡片,财务部门与仓库所建立的账簿及顺序编号必须相互统一、相互一致;合格品、逾期品、失效品、报废品应分别建账反映。

其次必须按照仓库基本规程进行操作,库管员必须对当日的业务进行及时逐步登记,做到日清日结,确保账、物的一致性与准确性。

最后,要严把材料和产品的入口关,这对产品和材料的质量、数量起着至关重要的作用。因此,库管员要做到,入库的原材料、成品必须经过质检部门检验合格后方能办理入库手续。

4. 严格进行存储是做好仓库管理的关键

材料和产品储存体现着库管员的业务素质和能力。在储存方面,首先要求库管员根据储存物料的特点、自身环境、设施条件等,设置清洁、干燥、通风、起重与运输条件较好的库房,并配备必需的货架。所储存产品要按规格型号分区域设置,合理有序、防止破坏,对温度、湿度和其他条件比较敏感的物料(如化学物料以及易燃易爆品)应单独存放并配备适当的防护措施,还要加以特殊标识,采取必要的防护措施。另外,库管员应该针对物料的特性采取适当的储存方法。

库管员根据产品的存储期检查产品的质量情况,采取必要的纠正和预防措施。与此同时,库管员要对超期物料及时向质检部门提出复查申请,经检验合格,标明复检日期后可继续使用;对变质失效或报废的物料,可提前申请报废,经主管领导批准后办理清账及报废手续。

5. 利用现代科技保管仓库

科学技术是第一生产力,要大力推广先进的仓库管理技术措施。为保证仓库作业的效率,充分利用有限的仓库空间,库管员应根据不同的管理目标,对仓库的库位进行科学编码、划分区域,并建立相应的电子表格,实现仓库的库位管理。这样,库管员便于在多品种的库存材料中快速定位库存品所在的位置,有利于实现先进先出的管理目标及提高仓库作业的效率。

二、库管员的职业权限

库管员的权限必须在上级的控制之下，必须服从企业利益。总体而言，库管员的权限就是严于律己，做好本职工作。

库管员在工作中不可越位。所谓越位，即指库管员所做的工作超越其本身的角色。例如，本来应由领导出面解决的问题，库管员却抢着去做；本来由上级做决策的业务，库管员却自作主张。做任何工作，一定要准确地认清自己的职业角色，摆正自己的职业位置，防止和克服"越位"的现象，合理稳妥地尽职尽责。

三、库管员工作的评价标准

一份工作做得出色与否，需要一定的标准来衡量。

（一）普遍意义上的评价标准

（1）能否严守机密，谨慎处理保密性质的业务。

（2）是否具有良好的职业道德和进取心。

（3）能否在工作过程中保持充沛的精力，以最好的状态工作。

（4）是否具有良好的记忆力和反馈能力，尤其是对于商品名称、商标标识、数字、区位等。

（5）是否有较强的组织观念和团队精神。

（6）是否可以处理好与上级、平级、下级的关系，进而在协调的工作气氛中提高工作效率。

（7）是否能熟练地掌握必备的电脑软件应用技术。

（二）仓储作业业绩上的标准

（1）仓储质量业绩衡量标准，如图 1-8 所示。

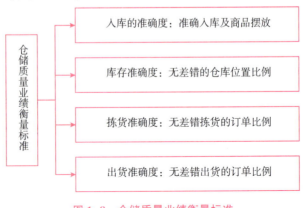

图 1-8　仓储质量业绩衡量标准

（2）仓储循环时间业绩衡量标准，如图1-9所示。

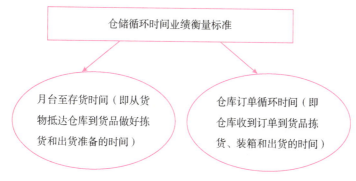

图1-9　仓储循环时间业绩衡量标准

现实工作中，相关人员可以集中于仓库管理中的两个主要区域来衡量库管员作业的循环时间业绩。

随着仓库管理业的不断发展和进步，库管员的业绩评价标准也会随之变化，所以对库管员进行评价时，应用发展的眼光，不能"一叶障目，不见泰山"。

第三节　库管员的岗位要求

一、库管员应具备的专业知识

库管员应能较好地掌握仓库管理的基础理论和专业理论，了解某些相关学科的知识，了解国内外仓库管理的新成就、新发展。

（一）生产技术知识

库管员应具有一定的生产技术基础知识，熟悉企业生产过程、技术工艺特点，如企业的技术装备、生产能力、产品性能、技术要求、工艺流程等。

（二）物品管理知识

库管员应具备的物品管理知识：①有一定的物品知识，了解企业常用物品的性能、技术特点、使用和消耗特点，以及检验、保管、养护、包装、运输等方面的要求；②具有较为系统的物品管理的基本知识和实务技能，如了解物品的供应渠道、供应网点、供货方式，熟悉物品计划、申请、分配、订货、采购、托运、验收、储存、养护、运输、供料等业务工作的程序和方法；③懂得成本、货款结算和物品核销统计；④具有签订合同与处理合同纠纷的知识和技能；⑤了解国际贸易业务知识等。

(三) 现代管理知识

库管员应掌握某些实用的现代管理知识，如物品价值分析、ABC 管理法、目标管理、市场预测、市场营销、全面计划管理、全面质量管理等。

(四) 自动化知识

自动化技术是当代引人瞩目的高科技。自动化就是指在没有人的直接参与下，机器设备所进行的生产管理过程。自动化仓库是自动化技术与仓储系统相结合的产物，库管员必须熟练掌握自动化知识。自动化仓库如图 1-10 所示。

图 1-10 自动化仓库

(五) 安全知识

安全是进行其他各项活动的前提，它主要包括仓库保卫及仓库消防两个方面。

1. 仓库保卫知识

库管员必须掌握与仓库保卫工作相关的基本法律法规、与仓库作业活动相关的安全生产及操作知识、与仓库作业人员相关的劳动保护等方面的知识，以便做好仓库的保卫工作，防止库存物品丢失。

2. 仓库消防知识

库管员还必须掌握仓库消防知识。例如，《建筑设计防火规范》（GB 50016—2014）中有关仓库存储物品危险性质、仓库耐火等级、层数、占地面积、安全疏散、防火间距及堆放形式等方面的知识；《仓库防火安全管理规则》中关于仓库消防组织建设、物品储存管理、物品装卸管理、仓库电器设备管理、仓库火源管理及消防设施和器材管理等方面的知识；库存物品的物理、化学特点，特殊的防火、灭火要求的知识；各种消防设施和器材的使用方法及适用范围。

二、库管员应具备的能力

（一）分析预测能力

分析预测能力，即能运用科学观点、方法进行市场调查，把握市场信息，了解行情，分析市场供求状态，有预测市场供求发展趋势的能力。

（二）判断决策能力

判断决策能力，即有洞察力、判断力，善于把握时间，及时集中可以利用的因素，迅速果断地组织、决策和解决实际问题的能力。

（三）交际沟通能力

交际沟通能力，即善于使他人领会自己的意图，寻找到更多支持者的协助与帮助，增加社会交往活动的能力。

（四）灵活应变能力

灵活应变能力，即善于采用灵活的工作方法，勤于思考，善于开拓，能适应内外部环境的变化，尤其是对物品市场及营销活动中某些隐蔽的、未可预见性的不利条件的困扰，能及时做出新的决策和采取新的对策。

（五）扎实的业务基本功

扎实的业务基本功，包括业务应用文的写作、电脑的应用、信息情报的收集和管理、经济合同的签订，以及业务洽谈技巧等，要求业务扎实过硬。

三、库管员应具备的身体素质

仓库管理工作具有工作活动面宽、地域范围广、流动性大等特点，甚至在某些情况下，要求库管员日夜值班，并承担搬运和装卸任务。所以，库管员必须身体健康，能坚持正常工作，能吃苦耐劳，并保持精力充沛。

第一章 库管员岗位认知

四、库管员应具备的道德规范

(一) 社会主义职业道德规范的基本要求

社会主义职业道德规范的基本要求是爱岗敬业、诚实守信、办事公道、服务群众、奉献社会。它是对社会主义社会中从事各种职业的人员的最基本的要求。

1. 爱岗敬业

爱岗敬业是为人民服务和集体主义精神的具体体现，是社会主义职业道德的基本规范，是职业道德建设的首要环节。爱岗就是热爱自己的工作岗位，热爱本职工作。爱岗是对人们工作态度的一种普遍要求。热爱本职，就是以正确的态度对待本职工作，努力培养自己对所从事的工作的荣誉感。敬业就是要用一种恭敬严肃的态度对待自己的工作，勤勤恳恳，兢兢业业，忠于职守，尽职尽责。敬业是从业人员对社会和他人履行职业义务、道德责任的自觉行为和基本要求。任何职业都承担着一定的职业义务，从业人员必须自觉地担负起对社会、对他人的使命、职责和义务。

爱岗敬业的职业道德要求：热爱自己的工作岗位，具有崇高的敬业精神；保持对本职工作的信念，并追求岗位的社会价值；刻苦钻研业务，掌握先进的知识和技能；造就精诚协作、相互尊重、共同提高的合作关系。

要做到爱岗敬业，首先要正确处理职业理想和理想职业的关系；其次要热爱自己的本职工作，做到干一行爱一行；最后要正确处理国家需要与个人兴趣爱好的关系，要正确处理所从事职业与物质利益的关系。

2. 诚实守信

诚实守信与爱岗敬业一样，也是社会主义职业道德的基本规范。诚实就是忠诚老实，不讲假话。诚实要求人做到忠实于事物的本来面目，不歪曲事实，不篡改事实；同时也不隐瞒自己的真实思想，光明磊落，言语真切，处事实在。守信就是信守诺言，说话算数，讲信誉，重信用，履行自己应当承担的义务，这是一种做人的品质。讲信誉、重信用、忠诚地履行自己承担的义务是每个职业劳动者应有的职业品质。

要做到诚实守信，首先要充分认识到诚实守信的重要意义；其次要诚实劳动、合法经营，实事求是、不讲假话；最后要重质量、重服务、重信誉，提高服务技能。

3. 办事公道

办事公道是在爱岗敬业、诚实守信的基础上提出的一个更高层次上的职业道德的基本要求。办事公道是指从业人员在办事情、处理问题时，要站在公正的立场上，按照同一标准和同一原则办事的职业道德规范，它要求人们待人处世要公正、公平。

要做到办事公道，首先要热爱真理、追求正义；其次要遵纪守法、坚持原则；再次要廉洁奉公、不徇私情；最后要照章办事、平等待人。要做到办事公道，就必然会遇到压力、碰

第三节 库管员的岗位要求

上各种干扰,尤其是碰上那些不讲原则、不奉公守法的人干扰时,要大公无私,不计个人得失,不向恶势力屈服。

4. 服务群众

服务群众是为人民服务的精神和集体主义原则在职业道德中更具体、更集中的体现。服务群众就是为人民群众服务。要做到服务群众,首先要树立全心全意为人民服务的思想;其次要充分尊重群众;最后要方便群众,为群众谋福利。

5. 奉献社会

奉献社会就是全心全意为社会做贡献。奉献社会是社会主义职业道德的特有规范,是社会主义职业道德的最高要求,是为人民服务和集体主义精神的最高体现。奉献,就是不期望等价的回报和酬劳,而愿意为他人、为社会或为真理、为正义献出自己的力量,包括宝贵的生命。奉献社会的精神主要强调的是一种忘我的全身心投入精神。奉献社会是一种人生境界,与爱岗敬业、诚实守信、办事公道、服务群众这四项规范相比较,奉献社会是职业道德中的最高境界,也是做人的最高境界。爱岗敬业、诚实守信是对从业人员的职业行为的基础要求,是首先应当做到的;办事公道、服务群众需要有一定的道德修养做基础;奉献社会,则是要求每一个人做到一心一意为社会做奉献。

(二) 库管员职业道德规范

库管员职业道德规范是社会主义社会职业道德规范的具体表现,是在仓库管理实际工作中形成的对库管员的职业基本要求。具体来说,它主要包括以下四个方面。

1. 爱国爱企、敬业爱岗、忠于职守

库管员职业道德规范的最基本要求是爱国爱企、敬业爱岗、忠于职守。这就要求库管员做到:热爱社会主义祖国,具有崇高的爱国情感,树立主人翁精神;维护国家、企业的利益,个人利益服从集体利益;正确认识仓库储存行业的特点,热爱仓库管理工作,对本仓库有高度的认同感;尽职尽责,忠于职守,认真完成本职工作。

2. 文明礼貌、优质服务

文明礼貌、优质服务是仓库管理行业重要的道德规范和业务要求之一。对库管员文明礼貌的要求是与人交往时诚恳、谦恭、和善、有分寸,做到待人"德诚于中,礼形于外"。优质服务是服务行业共同性的职业道德规范,也是库管员的道德义务和责任。优质服务要求库管员在工作中尊重他人、真诚待人、礼貌服务,做到标准化服务和个性化服务的统一。

3. 遵纪守法、公私分明

遵纪守法、公私分明是库管员必备的法律意识、道德品质,是处理个人与集体、国家利益关系的行为准则,是仓库管理职业道德的重要规范。遵纪守法就是要遵守仓库的组织纪律和国家的各项法律法规;公私分明是要正确处理个人利益与集体利益、国家利益的关系。遵纪守法、公私分明带有强制性的要求,作为道德规范,它要求库管员做到:自觉遵守职业纪律；廉洁奉公，反对和纠正行业不正之风，抵制腐朽的精神污染。

4. 不断进取、钻研业务

不断进取、钻研业务既是对库管员业务技能的要求，又是对其道德规范的要求，它是库管员做好本职工作、创造优异成绩的关键。不断进取、好好学习是库管员具有事业心的体现；钻研业务、掌握本领、提高技能是正确人生价值目标决定的职业道德规范。库管员只有具备丰富的业务知识、熟练的职业技能及过硬的基本功，才能提供优质的仓储服务，尽到自己的职业责任，取得预期的目标。

除了上述四个方面，库管员在工作中还要做到热情友好、诚实守信、顾全大局等。在日常工作中，通过思想政治工作、库管员职业道德教育可以有效地提高库管员的职业道德素质，以达到其职业道德规范的基本要求。

自动化仓库的发展

自动化技术在仓储领域中的发展可分为五个阶段：人工仓储阶段、机械化仓储阶段、自动化仓储阶段、集成化仓储阶段和智能自动化仓储阶段。智能自动化仓储将是自动化技术的主要发展方向。

（1）人工仓储阶段。在人工仓储阶段，物品的输送、存储、管理和控制主要靠人工操作完成。

（2）机械化仓储阶段。在机械化仓储阶段，可以通过人工操作输送车、机械手、吊车、堆垛机和升降机等搬运工具移动和搬运物品，用货架托盘和可移动货架存储物品，用限位开关、螺旋机械制动和机械监视器等控制设备的运行。

（3）自动化仓储阶段。20世纪50年代末和60年代，仓储业相继研制和采用了自动导引小车、自动货架、自动存取机器人、自动识别和自动分拣等系统。到了20世纪70年代和80年代，旋转体式货架、移动式货架、巷道式堆垛机和其他搬运设备都加入了自动控制的行列。在这个阶段，虽然各个设备能够实现局部的自动化并各自独立应用，但这些设备之间缺少信息的沟通，因而形成了一个个"自动化孤岛"。

（4）集成化仓储阶段。在20世纪80年代，"自动化孤岛"通过集成化，形成了统一的集成化系统。在集成化系统中，整个系统的有机协作，使总体效益和应变能力大大超过各部分独立效益的总和。

（5）智能自动化仓储阶段。智能自动化仓储技术，是将人工智能技术与自动化技术相结合，使仓储向更高级的智能自动化方向发展。现在，智能自动化仓储技术还处于初级发展阶段。

第二章

仓库管理基础知识

> 仓库管理是指按照生产要求，运用科学的方法对企业物品仓库的整个作业过程进行管理，它是为配合企业的生产活动而进行的计划、组织、指挥、协调、控制和监督，力求使仓库的运作做到快速周转，实现最佳的生产效益。

知识目标

- 了解仓库管理的职能、内容、目标和任务
- 了解仓库的类型和设备
- 了解物品包装的分类和标志

技能目标

- 掌握仓库管理的作业流程
- 掌握计量设备的使用方法和注意事项
- 学会物品包装设计

第二章　仓库管理基础知识

知识导图

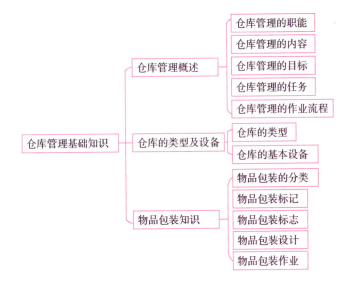

引导案例

波司登的库存管理

波司登在我国（包括地级市）有九十多个销售公司，库存率保持在18%~19%（一般服装企业的库存率为30%~40%）。

波司登是如何做到将自己的库存率保持到这么低的呢？从整体方面来说，波司登能很好地协调生产与市场需求的关系。

波司登企业内部实现了信息化的快速反应，即通过信息系统来了解市场，保障了存货管理上可以对市场需求有一个比较快速的反应。

最明显的例子就是ERP系统的使用，使波司登做到了生产、物流、库存、配货、补货、销售与市场紧密结合。

在波司登的ERP管理系统上，从生产到销售的整个流程清晰呈现：销售公司接单—产品部评估—下发各品牌生产公司（做生产计划、布置采购）—下发生产工厂（成品生产）—质检、入库—分发销售公司仓库—分发经销商门店。

因此，经销商能在销售管理系统中看到销售信息，可以及时调整自己的进货。

使用销售前端的扫描枪一扫，总公司的电脑屏幕里立即显示库存的数据变化，可以根据该信息随时调整工厂的生产计划。

仓库与物流也能根据本公司的羽绒服销售情况及时地做出预测，然后补货。

ERP项目实施至今，波司登降低了库存60%，物流周转速度提高54.9%。

第一节 仓库管理概述

一、仓库管理的职能

仓库管理的职能，是指企业对所拥有的、处于暂时停滞状态的物品数量和质量进行保管、储存、调节、配送加工等职能的总称。

（一）保管职能

保管职能是指对物品进行保存和管理，使其数量和质量完好，取用方便。保管职能的实质是保持物品的原有使用价值，并且让这种使用价值在企业需要时能随时得以实现。

（二）储存职能

储存职能是指对物品的储存时间进行控制，也就是对物品储备量规模进行控制。物品储存时间在实物形态上的表现形式就是物品储备数量。一般要求企业物品的储存时间保持在一个既能可靠地保证供应，又不超出物品流通所必需的合理时间间隔之内。

（三）调节职能

调节职能是指对物品实物供应量进行调节，利用物品储备来实现企业生产所需的合理、均衡、连续的供应。可见，仓库调节职能主要是为了消除供需之间的时间和地域差异，变物品供应上成批、间歇式的到货为对生产的均衡、连续的供应。

（四）配送加工职能

配送加工职能是指对物品进行分类、加工、整理、配送等几项工作，其实质是能及时、准确、保质、保量地供应所需物品，为生产服务。

二、仓库管理的内容

仓库管理是对库存物料的储存保管工作所进行的管理，是物料管理的重要组成部分。它是对物料存储过程中各要素及其运动过程进行计划、组织指挥、监督与协调，包括对接运、验收、保管、保养、发放、运输、记账等工作内容的管理。仓库管理的内容如图 2-1 所示。

图 2-1 仓库管理的内容

(1) 仓库计划管理。仓库计划管理即编制仓库计划，组织计划的实施，检查和分析计划执行情况。

(2) 仓库生产管理。仓库生产管理即仓库作业过程管理，仓库规划管理，物料的收、发、保管及物料的搬运作业管理等。

(3) 仓库质量管理。仓库质量管理即物料的保管质量、仓储工作质量和服务质量管理等。

(4) 仓库技术管理。仓库技术管理即仓库设备的技术文件管理、技术革新和技术改造等。

(5) 仓库人员管理。仓库人员管理即仓库人员定额管理，定员编制，员工的接收、使用、调配、培训、薪酬发放、奖惩等仓库劳动组织管理等。

(6) 仓库安全管理。仓库安全管理即仓库的保卫、警卫、消防及安全技术管理等。

三、仓库管理的目标

仓库管理工作要达到"供、用、省""三无"目标。"供、用、省"是指供应要及时，使用要合理，费用要节省；"三无"是指无断（生产领用要有材料，销售发货要有货物）、无囤（不要过量、过时地囤积物品）、无呆废物品（即要及时处理和利用库存的呆废物品）。仓库管理的目标具体体现在以下几个方面。

(1) 强化采购管理，保持适当的库存。具体包括：适质、适量、适时采购，提高采购质量，减少库位占用；交料进度控制与逾期督促；进料质量、数量监控；采购方式的设定与市场行情调查。

(2) 确保产品质量，正确计划用料。具体包括：加强用料控制；减少呆废物品的产生；余料再利用，物尽其用；以坏换新，避免浪费。

(3) 合理处理呆废物品，降低成本。具体包括：增加储位空间，减少损失，减少保管费用。

四、仓库管理的任务

仓库管理的任务是由仓库管理的地位与作用决定的，其基本任务具体包括以下几个方面。

（一）为企业、生产服务

仓库必须坚持为企业、生产服务的宗旨，这是由企业仓库管理的性质决定的。仓库有独立的经济利益，但当这种局部利益与整体利益、国家利益发生矛盾时，要以国家利益为重。仓库管理作为物品流通中储存物品的环节，有责任、义务堵塞漏洞，为企业分忧。

（二）合理储备物品

过多的物品储备固然可以提高供应能力，但同时也占用了过多的流动资金，而且增加了保管储存费用，这在经济上是不合理的。所以，仓库管理必须对各项物品的储备量进行正确的规划，以保证其合理的储存数量。

（三）做好物品供应工作

做好仓库物品的验收、发运及保管工作，保证企业生产获得及时、齐备、准确、完好的物品供应。

（四）降低物品成本

物品成本是企业产品成本的重要组成部分，降低物品成本对提高企业经济效益具有重要意义。所以，仓库管理必须不断改善管理手段与方法，在采购、运输、验收、保管、发放出库等各个环节上不断采用先进、科学的方法。例如，采购业务中的经济批量法、运输过程中线性规划法等都是在实践中被证明的对降低物品成本行之有效的方法。

（五）合理规划并利用仓库设施

合理规划并有效利用各种仓库设施，做好挖潜、革新、改造，不断扩大仓库储存力，提高作业效率。

（六）提高员工作业水平

仓库管理本身是对"物"的管理，但这种管理又是由人来实现的。只有较高素质的员工与现代机器设备相结合，才能充分发挥这些设备的作用。没有高素质的员工队伍，就不可能有高水平的管理。提高员工队伍的业务技术水平，既是提高仓库管理整体水平的必要条件，也是改善仓库管理的重要任务之一。

（七）确保仓库和物品安全

防止火灾和盗窃，以保证仓库物品和仓库不受意外损失，是仓库管理的重要任务。因此，一切物品均应存入合适的仓库，规定严格的防护制度。仓库消防系统要有专人负责，使之始终处于正常状态。更重要的是，库管员应以主人翁的态度来对待企业财产，懂得若出现任何损失不仅影响企业正常生产，还会影响到自身的经济利益。

> ☞ 知识链接
>
> ### 仓库管理的"三清""两齐""三相符"
>
> "三清"：数量清、材质清、标识清。
>
> "两齐"：库容整齐、码放整齐。
>
> "三相符"：账实相符、账卡相符、卡物相符。

五、仓库管理的作业流程

仓库管理的作业流程可分为物品入库、物品保管保养、物品出库三个阶段。

（一）物品入库

物品入库是指库管员根据入库凭证或供货合同的规定，接收承运单位或供货商运到仓库的物品，并对货物进行验收、记账及建立货物档案。做好物品入库阶段作业，把好物品入库验收关是做好仓库管理的基础。

（二）物品保管保养

物品保管保养是指库管员对经验收合格的物品进行科学的储存规划、堆码苫垫、清仓盘点、维护保养等作业的过程。物品保管保养阶段的关键作业，是制定物品分类储存规划和对不同性质的物品采取有效的保管保养措施。做好物品保管保养工作，对于物品合理储存，提高仓库利用率和作业效率，确保物品数量准确、质量完好有着十分重要的意义。

（三）物品出库

物品出库是指库管员根据货主或业务部门的出库指令，对物品进行备料复核、包装和发货等作业的过程。随着客户对物流服务的要求不断提高，物品配送业务必然迅速发展，如何将传统的出库作业向物流配送作业转化，是仓储部门有待解决的问题。做好出库配送，为客户提供增值服务，对于提升物流企业形象、满足客户需求起着关键的作用。

仓库管理的作业流程反映了仓储作业过程、阶段及其中各个环节的相互关系，如图2-2所示。

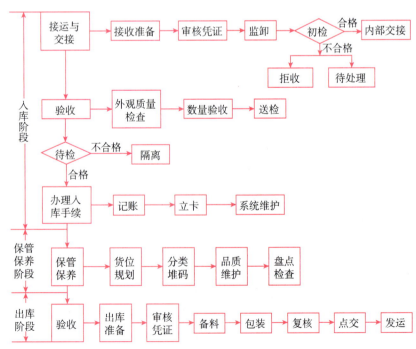

图 2-2　仓库管理的作业流程

第二节 仓库的类型及设备

一、仓库的类型

库管员只有了解了仓库的分类及其主要职能，才能做到有针对性地管理，从而提高仓库的利用效率。仓库的分类如表 2-1 所示。

表 2-1 仓库的分类

划分依据	仓库类型		职能说明
仓库在物品流通中负担的职能	采购供应类仓库		储存从国内生产企业收购和从国外进口的物品
	批发类仓库		储存从采购供应类仓库调进和当地收购的物品
	零售仓库		为商业零售企业短期储货，以供卖场销售
	转运仓库		储存商业系统中转分运和转换运输工具的特运物品，一般设在铁路或公路的车站、沿海口岸及江河水路码头附近
	加工仓库		存储物品并兼营某些物品的挑选、整理、分级分装的简单加工
	物流配送仓库		为商业系统物流配送的物品提供储存保管服务
仓库在产品生产中所处的领域	生产领域	物料仓库	存储并发放企业生产中所需的原材料、零部件等物料
		成品仓库	存放生产企业已经制成并经检验合格、可以直接进行销售的产品
	流通领域	物流企业中转仓库	物流企业向其他企业提供物流服务时，对物品进行储存保管、检验、流通加工，以及开展配送业务等
		零售商仓库	为满足企业业务需要，储存各种零售物品
		国家储备仓库	储存国家为预防自然灾害、战争及各种意外而准备的物品
仓库隶属关系	工业企业附属仓库		储存企业生产的原材料、零部件、半成品及成品
	储运公司所属仓库		为公司经营的必要，暂时储存各种物品
	物品供销机构所属仓库		为本系统的生产提供各种各样物品的储存
仓库的储存条件	库房		储存受气候条件影响大的货物，包括化工原材料及产品、家用电器、生产零部件等
	货棚		储存受气候条件影响不大的货物，包括汽车、桶装液体化货物、有色锭材等
	货场		储存大型钢材、水泥制品及集装箱等
仓库的储存类别	综合性仓库		分区分类储存若干大类货物
	专业性仓库		只储存某一大类货物
	特种仓库		储存性质特殊的货物，如保温库、冷藏库、危险品库等

续表

划分依据	仓库类型	职能说明
仓库的作业方式	人力仓库	规模小，采用人工作业方式，主要储存电子元器件、工具、备品备件等货物
	半机械化仓库	入库采用机械（如叉车等）作业，出库采用人工作业方式，适合储存批量入库、零星出库的产品
	机械化仓库	入库和出库均采用机械作业，按图行车、叉车、运输等，适合存储整批入库、整批出库、长大笨重的货物
	半自动化仓库	配备高层货架和运输系统，采用人工操作巷道堆垛机的方式，经常用于存储各种备件
	自动化仓库	以高层货架为主，配备自动巷道作业设备和输送系统的无人仓库

（一）按仓库功能性分类

（1）储藏仓库：以在一定期间内保管物品为目的。

（2）流通仓库：流通仓库在很多场合也叫作流通中心或配送中心。流通仓库自然也做保管业务，但更多的是做货物的检验、流通加工、分拣、包装等工作，在较短的期间内，向很多用户出货，起到类似加工厂的作用。

（二）按保管物品分类

（1）原料、产品仓库：生产企业为了保持生产的连续性，专门用来储存原材料、半成品或成品的仓库。

（2）商品、物品综合仓库：商业、物品部门为了保证市场供应，以及解决季节时差，用来储存各种商品、物品的综合性仓库。

（3）农副产品仓库：经营农副产品的企业，专门用来储存农副产品的仓库；或经过短暂储存并进行加工后，再运出的中转仓库。

（4）一般专用仓库：为经营某种货物，如粮食、棉花、水产、水果、木材等，而用来储存这种货物的仓库。

（5）特种危险品仓库：专门用来储存危险品的仓库，如石油仓库、化工危险品仓库等。为了防止出现意外事故，这类仓库一般设在离城市较远的郊区。

（6）战略物品储备仓库：主要用来储备各种战略物品，以防止各种自然灾害和意外事件的发生，其中包括部队后勤仓库等。

（7）冷藏仓库：设有冷藏装置，专门用来储藏鲜鱼、鲜肉或其他加工食品的仓库。

（8）恒温仓库：也称暖库，设有保温装置，专门用来储存怕冻物品，如水果、蔬菜、罐头等。尤其在我国北方，冬季非常寒冷，对一些怕冻物品都设有暖库。

（三）按建筑结构分类

（1）简易仓库：它的构造简单，造价低廉，一般是在仓库不足而又不能及时建库的情况下，采用的临时代用办法，包括一些固定或活动的简易仓棚等。

（2）平房仓库：一般构造简单，建筑费用便宜，人工操作比较方便，我国县级以下的广大地区多使用这种仓库。

（3）楼房仓库：两层楼以上的仓库。近年来，在我国大、中城市这种仓库建筑较多。它可以减少土地占用面积，进出库作业则采用机械化或半机械化。

（4）罐式仓库：它的构造特殊，呈球形或柱形，看上去像一个大罐子（如油罐），主要用来储存石油、天然气和液体化工品等，大部分建在城郊比较隐蔽的地方。

（5）高层货架仓库：它是工业发达国家普遍采用的一种先进仓库，我国也建有少数这样的仓库。在作业方面，主要使用电脑控制，能实现机械化和自动化操作。

（6）露天仓库：露天料场，以露天储存为主。

二、仓库的基本设备

仓库设备根据其在仓库中的不同用途，可分为计量设备、储存设备、起重运输设备、消防设备及各种辅助设备。

（一）计量设备

仓库的计量设备可分为衡器设备（也作称量设备）和量具设备两种。

1. 衡器设备

仓库储存及保管的物品中，以重量为计数单位的很多，因此，衡器设备是仓库作业中使用最多和最主要的计量设备。

各种衡器设备如图 2-3 所示。

图 2-3　各种衡器设备

（1）衡器设备的种类。根据仓库收发物品的性质及收发量，仓库一般备置案秤、台秤、汽车衡等衡器设备，它们各自的特点及适用范围如表 2-2 所示。库管员要熟练掌握它们的使用方法，从而提高测量的准确性及工作效率。

第二章 仓库管理基础知识

表 2-2 各种衡器设备的特点及适用范围

	特点	适用范围
案秤	具有稳定的平衡性，准确性较高，且能很快地称量货物，但称重量较小，仓库常用的案秤量大称量一般为 10~20 千克	由于其适于称小件或轻质物品，因此经常应用于配发小件或轻质物品次数频繁的仓库
台秤	一种复式杠杆组成的衡器，最大称重量比案秤大，一般为 0.5~3 吨，但其测量精度不如案秤	一般仓库应用最广泛和必备的衡器设备，适用于储存小吨位物品的仓库使用
汽车衡	一种小型的无轨地下磅秤，当汽车停在其上时，能够迅速称出汽车及其所载物品的总重，其最大承重量一般为 15 吨	适用于使用各种非轨行车辆进行收发料搬运作业的仓库

（2）衡器设备的使用。衡器的使用情况具体如表 2-3 所示。

表 2-3 衡器的使用情况

衡器使用注意事项	不可使用情况
（1）禁止称量超过衡器量程和小于衡器量程5%的物品； （2）货物上下秤要关上止杆器，防止抛掷物于衡器上； （3）移动台面上的货物时，要抬起、轻拿轻放，严禁拖拉； （4）货物要放在台面中央，不能偏斜、触地、依靠筒柱；称量大件货物时，要用称物架； （5）经常清除台面剩余物品，且台面不能堆放其他物料； （6）读秤示值时，砣要稳定，杆要水平，移动游砣时要轻轻滑动，用完后，秤砣和砣盘保持完整，不能随意扔下，更不能当钉锤使用； （7）使用台秤时，尽量避免移动，如需移动，只能在平坦地面短距离进行，否则，必须人抬或用车装运； （8）使用轨道衡，先将空秤调平后，再将货车以每小时 3 千米的速度驶上秤台，稳定后过秤，过秤时机车应与货车分开； （9）轨道衡上禁止停放车辆或进行调车作业，无升降的轨道衡严禁机车通过	（1）称量公差超过±1%，秤砣公差超过±1/4 000时； （2）秤杆分度线及标记不能识别时； （3）机件有缺损、变形时； （4）调整平衡砣不能起调整作用时； （5）感量不灵时； （6）感量超过秤杆最小分度时； （7）其他对衡器的准确性有妨碍的情况

（3）衡器设备的保养。衡器设备测量时的准确性是保证仓库收发物品数量准确的基础，而衡器准确性的保持，主要在于合理地使用和妥善保管。因此，库管员还要懂得如何正确、合理地使用与妥善保管衡器设备，并经常对其进行保养。例如，经常保持清洁卫生，清扫内外部件尘垢；不得日晒、雨淋和露天存放，若露天存放应注意遮阳防雨。

2. 量具设备

各种量具也是仓库所必备的设备，除了用于计量以长度为单位的物品外，还被广泛地用于测量物品的尺寸规格，以判断其质量是否符合标准。因此，熟练掌握量具的使用方法是库管员的必备技能。

仓库常用的量具包括普通量具和精密量具。

（1）普通量具。普通量具主要包括直尺、钢制卷尺、皮尺等，它们各自的特点及注意事项如表2-4所示。

表2-4　常见普通量具的特点及适用范围

量具名称	量具特点	注意事项
直尺	有木制、钢制、塑料制等多种，通常用的直尺上刻有公制和英制两种刻度，其精度可以精确到毫米，但其测量的总体长度较短，一般为1米以下	一般用来测量较小的物品，当物品的精度超过直尺的精度时，不能用其度量
钢制卷尺	尺身由较薄的钢片制成，长度有1米、10米、15米、20米、30米、50米、100米等数种，测量精度可以到毫米，因而测量较准确	平时应用煤油擦拭保养，使用时应注意勿使其扭曲、折断，并要注意防止割破手指
皮尺	尺身由麻加铜丝并涂以涂料制成，其测量长度主要有10米、15米、20米、30米、50米、100米等，其伸缩性较大，不及钢制卷尺准确	使用麻制皮卷尺时，不得拖拽、打折和拉张，在收起时不可过分绕紧或放松

使用各种尺来度量物品时，必须将尺放正。量长方形物品的长度时，要与被量的物品顶端垂直，与侧边平行；量圆形物品的长度时，要与物品的中心线平行。

（2）精密量具。精密量具主要有游标卡尺和千分尺两种，库管员要掌握它们的测量原理、构造及使用方法。千分尺的精度比游标卡尺更高（可达0.01毫米），但使用频次也较少，这里着重介绍游标卡尺的使用方法及其注意事项，具体如表2-5所示。

表2-5　游标卡尺的使用

项目	具体内容
游标卡尺的类别	按照用途的不同，游标卡尺可分为普通游标卡尺、高度游标卡尺、深度游标卡尺和齿形游标卡尺。仓库常用的主要是普通游标卡尺，其精度有0.1毫米、0.05毫米和0.02毫米三种
游标卡尺的使用方法	游标卡尺有两个卡脚，主尺和固定卡脚是一体的，主尺上有毫米和英寸两个刻度。副尺和活动卡脚是一体的，两个卡脚的内面是平面，可以度量物品的实际尺寸。当物品的凹入部分较窄，下部卡脚不能并拢时，主尺和副尺的0线应对齐。使用游标卡尺时，先移动活动卡脚，使两个卡脚都靠近被测物体，再旋紧螺钉（远离卡脚的上端螺钉），这时卡脚就不能再被手指推动。然后旋转拖板下面调整螺钉，就可以将副尺进行较精细的调整，直到两个卡脚和物品接触的松紧合适为止。为了防止读副尺上的尺寸时卡脚移动，可以旋紧螺钉（靠近卡脚的上端螺钉），这样，活动卡脚就不能再移动，便于阅读测量尺寸。移动卡脚，使它靠近物品的时候，不可把物品夹得太紧或太松，以免量出来的尺寸不准确
游标卡尺使用的注意事项	在利用游标卡尺度量物品之前，必须检查卡尺的准确度量，把两卡脚并拢对着光线，观察两脚间是否接触严密或有空隙，如不严密，可能有油垢或两脚已弯曲，须擦净校正后再用。应用卡尺测量时，卡脚必须和物品平面垂直，量内径和外径时，必须通过物品中心。为了保持卡尺刻度清晰、表面光滑、刻数正确，卡尺不应生锈，使用时应戴手套；使用完毕后，用细绒布擦净油垢，涂以薄层凡士林油，放入特制的盒内，以免受潮；为了防止卡脚变形和磨损，必须防止碰击，切忌测量毛坯等物品

☞ **知识链接**

游标卡尺的维护方法

运行检查：在每天使用之前，要先检查游标卡尺的零刻度是否对齐，刻度是否清晰可见，挪动是否顺畅，无误则该卡尺可正常使用，否则需将该卡尺进行维修或更换新的计量有效的卡尺，并按运行检查规定中的仪器失效处理方法进行处理。

注意事项：游标卡尺使用完毕后，应用棉纱擦拭干净。

（二）储存设备

仓库的储存设备是用来存放各种物品的容器和设备，包括各种料架、料仓、料槽、储罐等。根据物品的物理化学性质和形态的不同，储存设备一般分为以下三类。

（1）保管一般物品的存储设备，适用于存放各种金属材料、机械零代配件、工具等的各种料架。料架按用途可分为通用料架和专用料架。通用料架分为层式、格式、抽屉式及橱柜式等，适用于保管体积小、重量轻、品种规格复杂的金属制品、轴承、工具、机电产品等。专用料架是根据物品的特殊形状面设计的，用以保管特定类别的物品，如存放小型条钢和钢管的悬臂式料架。

（2）保管块粒状和散装物品的存储设备，适用于存放散装原料、散装螺钉等的各种料仓、料斗等。

（3）保管可燃、易燃液体材料及腐蚀性液体的存储设备，适用于存放汽油、柴油、润滑油，以及各种酸、碱、液体化工产品等的各种形式的瓶、桶、储罐。

（三）起重运输设备

起重运输设备是用来提升、搬运或装卸物品的机械设备，它在仓库设备中占的比例很大。目前，仓库中常用的起重设备有龙门起重机、桥式起重机及旋转式起重机等，有条件的企业已使用巷道式堆垛起重机。另外，常见的起重运输设备还有叉车、运输设备等。

1. 龙门起重机

龙门起重机俗称龙门吊，是使用最广泛的一种起重设备，多用在货场和跨越铁路专用线上进行多种物品的装卸、堆码作业，近年来也发展到库房内使用。在双跨库房内，可制成转跨式龙门起重机，即通过一个转跨结构，使一台龙门起重机可以由一跨区转入另一跨区进行作业，以提高库内龙门起重机的利用率。

2. 桥式起重机

桥式起重机在构造和用途方面与龙门起重机基本相似，其主要区别在于桥架部分。桥式起重机必须在固定桥墩的轨道上运行。因此，这种起重机多用于库房内，通常称为"天车"或"行车"。

3. 旋转式起重机

旋转式起重机是依靠臂架或整个起重机的旋转来起重和移动货物的，它与其他起重机的不同之处在于，其取物装置装在可伸缩的臂架上，除具有提升货物的作用外，还能进行旋转。

旋转式起重机分为固定式旋转起重机和运行式旋转起重机两种，后者运行不需要固定轨道，其工作地点不受限制。因此，运行式旋转起重机（如汽车吊、轮胎吊、履带吊等）在仓库中经常使用。

4. 巷道式堆垛起重机

巷道式堆垛起重机相当于一个可沿轨道移动的活动电梯。对于多品种、多规格、出入库频繁的仓库来说，可采用高层货架配备巷道式堆垛起重机。特点是堆垛高、通道小、库容利用率高、出入库速度快，有利于实现仓库管理的自动化。

5. 叉车

叉车俗称铲车，是一种兼有起重和运输功能的机械。叉车结构紧凑，机动性好，可以在不同场合完成物品的装卸、搬运和堆码作业，因此，它在仓库作业中占重要地位。

6. 运输设备

运输设备是仓库中运送物品的机械设备。运输设备的种类较多，按其作用和原理不同，可分为连续式运输机械设备和间歇式运输机械设备两类。连续式运输机械设备是以连续的流动方式输送物品，如带式输送机、辊子输送机等。间歇式运输设备主要是指各种运输车辆。目前，在仓库中常用的运输设备有手推车、电瓶车、拖拉机及各种载重汽车。拖夹器也可作为短距离内物品的搬运设备。

第三节　物品包装知识

一、物品包装的分类

物品的包装有许多种，常见的有以下两种分类，具体如表2-6所示。

表2-6 包装的分类

分类标准	名称	概念	主要特点	适用范围
按包装的用途分	搬运包装	又称工业性包装,是为了使物品在装卸、搬运、运输、储存过程中不损坏而进行的保护性外包装	①抵御冲击、挤压等外力损害;②防止温度、湿度等外界环境因素和微生物、虫鼠等生物损害;③将物品集中成一个单元,便于装卸、搬运、运输及储存	适用于工农业物品
	销售包装	又称商业性包装,是为了促进物品的销售而进行的商业性销售包装	①弥补搬运包装在防潮、防震、密封等方面的不足;②不仅要美观、新颖、实用,而且要安全、卫生、方便;③具有明确的物品标志,便于顾客购买及消费	适用于生活消费品
按包装的材料分	纸制品包装	以纸及纸板为主要原料制成的包装,主要有纸盒、纸板箱、瓦楞纸箱和纸筒等	①轻便、简单、卫生,价格便宜,易于推广;②怕雨淋、怕撞击、怕震动、怕重压等	适用于食品、医药品、百货、纺织品、五金交电产品等物品的包装
	木制品包装	以木材、木制品、人造板为材料制成的包装,主要有木盒、木箱、木桶、纤维板箱、胶合板箱等	①牢固、耐压;②怕雨淋、怕火烤	适用于大型设备、五金交电产品、自行车、摩托车等物品的包装
	塑料制品包装	以各种塑料为材料制成的包装,主要有塑料盒、塑料瓶、塑料袋、塑料软管、全塑管、钙塑箱等	轻巧、方便、防潮	适用于日用消费品、食品、医药、纺织、服装、小五金等物品的包装
	玻璃、陶瓷制品包装	用普通或特种玻璃、陶瓷制成的包装,主要有玻璃瓶、玻璃罐、陶瓷瓶、陶瓷缸、陶瓷坛等	不易渗漏、密封性好	适用于酒、饮料、酱菜等有液体的食品及化工原料、试剂和危险品的包装
	金属制品包装	以铁皮、马口铁、钢材、铝箔、铝合金等制成的包装,主要有金属盒、金属瓶、金属桶、金属软管、钢瓶等	耐压、密封性能好、易长期储存物品	适用于气体、液体、粉状、糊状物品的包装

第三节 物品包装知识

由此可见，在仓储及物流的过程中，影响物品储运质量的主要是物品的搬运包装，对于物品的搬运包装的方法及技巧，库管员要牢牢掌握。

☞ 知识链接

包装按功能进行分类

1. 出口包装

出口包装的包装物品是为了出口，为了在国际市场上销售，因此包装设计的寓意、图形、颜色、规格等都必须符合进口国消费者的要求，适合该国民族的风俗习惯、喜好。例如，日本人喜欢乌龟，认为它是长寿的象征。中国有一批出口日本的酒瓶就做成乌龟的形状，结果非常热销。可见，出口包装符合进口国消费者的习俗是相当重要的。

2. 内销包装

内销包装的包装物品是为了在国内市场上销售，在国内打造品牌，因此包装袋应符合中国消费者的消费要求。一般普通生活用品的包装应讲究实惠、方便，而高档消费品的包装应讲究新颖、美观、高档；消费者自己使用的物品包装应简单、廉价、易用，用作送礼的物品包装的装潢形式、材料、外观的设计则要求讲究，应尽可能做到优良、新颖、别致、惹人喜爱。例如，送给新婚夫妇的礼品，可以带有红色、喜庆、心心相印的寓意；送给高龄老人祝寿的礼物，可以附有寿比南山、万寿无疆的图和字等。

3. 特殊包装

特殊包装的对象往往是工艺品、古董、纪念品等。包装的目的主要是保护、美化物品，也为了更好地长期保存物品。因为特殊包装的对象价值往往比较高，所以在选择包装材料时，应以防震、防潮、防晒等保护性材料为主，同时兼顾物品包装的美观、实用等要求。

二、物品包装标记

物品包装标记是表明包装物内的物品特征和收发事项的记号，通常在物品的包装物上用文字、数字及特殊符号标明。通常而言，物品包装标记可分为以下几种。

（一）物品特征标记

物品特征标记，也叫作唛头，主要反映物品的特征，如物品的名称、品牌、规格、型号、数量、重量、体积等，是发货人向收货人说明这批物品的重要特征、内容的标记，常由特定记号加简单文字组成，为行业所通用。物品特征标记具体如图2-4所示。

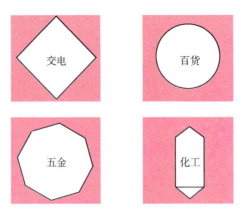

图 2-4 物品特征标记

(二) 物品重量体积标记

物品重量体积是表明物品的毛重、净重、皮重及体积（长、宽、高）的记号。一般毛重是指物品加包装的总重量，净重是指物品本身的重量，皮重是指包装物的重量。

(三) 物品收发货标记

物品收发货标记是反映物品生产单位、发运地点、到达地点及单位的文字标记。这是物品周转的重要标记，一定要清楚地标明收货单位的全称、具体地址，字迹要端正、清晰、易于辨认。

> ☞ 小贴士
>
> 进出口物品还应按国际惯例标明收货国地点、单位代号、物品代码、合同号码、进口港地名等。

(四) 物品运输标记

物品运输标记一般由承运部门书写，主要标明货组和确定配载顺序的标记，包括运单号码、货物总件数、收货方名称和地址等。

三、物品包装标志

物品包装标志是指用来指明包装内容物的性质，为了运输、装卸、搬运、储存、堆码的安全要求和物品理货分运的需要，在外包装上用图形、文字标明的规定记号。物品包装标志主要有指示标志和危险品标志两种，库管员必须掌握，以便在日常作业中灵活运用。

(一) 指示标志

1. 包装指示标志的名称和图形

我国国家标准《包装储运图示标志》（GB/T 191—2008）对标志的名称、图形和使用方法都做了明确的规定。物品包装标志的名称和图形共有 17 种，具体如表 2-7 所示。

第三节 物品包装知识

表 2-7 物品包装标志的名称、图形及含义

标志名称	标志图形	含义	标志名称	标志图形	含义
易碎物品		包装件内装易碎品，搬运时应小心轻放	禁用叉车		不能用升降叉车搬运的包装件
禁用手钩		搬运运输包装件时禁用手钩	由此夹起		表明装运货物时夹钳放置的位置
向上		表明运输包装件的正确位置是竖直向上	此处不能卡夹		表明装卸货物时此处不能用夹钳夹持
怕晒		表明运输包装件不能直接照晒	堆码重量极限		表明该运输包装件所能承受的最大重量极限
怕辐射		包装物品一旦受辐射便会完全变质或损坏	堆码层数极限		相同包装的最大堆码层数，n 表示层数极限
怕雨		包装件怕雨淋	禁止堆码		该包装件不能堆码且其上也不能放置其他负载
重心		表明一个单元货物的重心	由此吊起		起吊货物时挂链条的位置

33

续表

标志名称	标志图形	含义	标志名称	标志图形	含义
禁止翻滚		不能翻滚运输包装	温度极限		表明运输包装件应该保持的温度极限
此面禁用手推车		搬运货物时此面禁用手推车			

2. 包装指示标志的尺寸

包装指示标志的尺寸一般分为四种，如表2-8所示。

表2-8 包装指示标志的尺寸

尺寸序号	长（毫米）	宽（毫米）
1	70	50
2	140	100
3	210	150
4	280	200

注：如遇特大或特小的运输包装件，标志的尺寸可以比表中规定的适当扩大或缩小。

3. 包装指示标志的颜色

图示标志的颜色一般为黑色。如果包装件的颜色使图示标志显得不清晰，则可选用其他颜色印刷，也可在印刷面上选用适当的对比色。一般应避免采用红色和橙色。粘贴的标志采用白底印黑色。

4. 包装指示标志的使用说明

（1）标志的标打。标打标志时，可采用印刷、粘贴、拴挂、钉附及喷涂等方法进行。印刷时，外框线及标志名称都要印上；喷涂时，外框线及标志名称可以省略。

（2）标志的数目及位置有规定。包装箱：位于包装箱端面或侧面的明显处；袋、捆包装：位于包装明显处；桶形包装：位于桶身或桶盖；集装箱、成组货物：粘贴四个侧面。"由此吊起"标志应标打在包装件两个相对侧面的实际起吊位置上。"重心点"标志应标打在能正确标示包装件实际重心位置的四个面上。

（3）标志的文字书写应与底边平行；出口货物的标示，应按外贸的有关规定办理；粘贴的标志应保证在货物储运期内不脱落。

第三节　物品包装知识

（4）运输包装件需标打何种标志，应根据货物的性质正确选用。标志由生产单位在货物出厂前标打。出厂后如改换包装，标志由改换包装的单位标打。

（二）危险品标志

危险品标志是指在物品包装上以特定的标记，表明危险货物的类别和性质，以便物流各环节有关人员严格按照作业要求，采取防护措施，保证安全。

我国国家标准《危险货物包装标志》（GB 190-2009）对标志的类别、名称、尺寸、图案、颜色和使用方法等都做了明确的规定。

1. 危险品标记名称及图形

危险货物包装标志分为 9 类 21 种，19 个名称、图形如表 2-9 所示。

表 2-9　危险物品包装标志的名称及图形

标志名称	标志图形	标志名称	标志图形
爆炸品	（符号：黑色；底色：橙红色）	剧毒品	（符号：黑色；底色：白色）
易燃气体	（符号：黑色或白色；底色：正红色）	有毒品	（符号：黑色；底色：白色）
不燃气体	（符号：黑色或白色；底色：绿色）	有害品（远离食品）	（符号：黑色；底色：白色）

续表

标志名称	标志图形	标志名称	标志图形
有毒气体	（符号：黑色；底色：白色）	感染性物品	（符号：黑色；底色：白色）
易燃液体	（符号：黑色或白色；底色：正红色）	一级放射性物品	（符号：黑色；底色：上黄下白；附一条红竖条）
易燃固体	（符号：黑色；底色：白色红条）	二级放射性物品	（符号：黑色；底色：上黄下白；附两条红竖条）
自燃物品	（符号：黑色；底色：上白下红）	三级放射性物品	（符号：黑色；底色：上黄下白；附三条红竖条）

续表

标志名称	标志图形	标志名称	标志图形
遇湿易燃物品	遇湿易燃物品 4 （符号：黑色或白色；底色：蓝色）	腐蚀品	腐蚀品 8 （符号：上黑下白；底色：上白下黑）
氧化剂	氧化剂 5.1 （符号：黑色；底色：柠檬黄色）	杂类	杂类 9 （符号：黑色；底色：白色）
有机过氧化物	有机过氧化物 5.2 （符号：黑色；底色：柠檬黄色）		

2. 危险品标志的尺寸

危险品标志的尺寸一般分为四种，如表2-10所示。

表2-10 危险品标志的尺寸

尺寸序号	长（毫米）	宽（毫米）
1	50	50
2	100	100
3	150	150
4	250	250

注：如遇特大或特小的运输包装件，标志的尺寸可按表中规定的适当扩大或缩小。

3. 危险品标志的颜色

危险品标志的颜色具体如表2-9所示。

4. 危险品标志的使用说明和要求

每种危险品包装件应按其类别贴上相应的标志。但如果某种物质或物品还有属于其他类别的危险性质，包装上除了粘贴该类标志作为主标志以外，还应粘贴表明其他危险性的标志作为副标志，副标志图形的下角不应标有危险货物。

四、物品包装设计

在了解物品包装基本知识之后，库管员还要根据物品自身的特点及运输、储存的要求，为其设计合适的包装，以便快捷地完成物品的包装工作。在为物品设计包装时，库管员要根据物品重量、体积、数量等，选择适当的包装容器。

（一）选择包装容器

常见的包装容器有包装袋、包装盒、包装箱、包装瓶及包装罐（筒）几种，库管员要根据物品的特点选择适合的包装容器。

1. 包装袋

包装袋一般采用挠性材料制成，有较高的韧性、抗拉强度和耐磨性。包装袋是筒管状结构，一端预先封死，在包装结束后再封装另一端，包装操作一般采用充填操作。包装袋广泛适用于运输包装、商业包装。包装袋一般分成三种类型，具体如表2-11所示。

表2-11 包装袋的类型

类别	材料构成	承载量	特点	适用范围
集装袋	多由聚丙烯、聚乙烯等聚酯纤维纺织而成	1 000千克以上	它的顶部一般装有金属吊架或吊环等，便于铲车或起重机吊装、搬运；底部有卸货孔，打开后便可卸货，操作方便	适合用作颗粒状、粉状物品的运输包装
一般运输包装袋	由植物纤维或合成树脂纤维纺织而成的织物袋，或者由几层挠性材料构成的多层材料包装袋，如麻袋、草袋、水泥袋等	0.5~100千克		适用于粉状、粒状和体积小的物品的外包装或运输包装
小型包装袋	由单层材料或双层材料制成，对某些具有特殊要求的包装袋也可用多层不同材料复合而成	较少		适用于液状、粉状、块状和异型等物品的内部包装或商业包装

2. 包装盒

包装盒所采用的材料有一定挠性，不易变形，有较高的抗压强度。包装盒的结构一般是形状规则的立方体，根据实际需要也可制成圆盒、尖角等形状。包装盒适合包装块状及各种异性的物品，但由于其整体强度及包装量都不大，不适合做运输包装，主要用于商业包装、内包装。

3. 包装箱

包装箱的结构与包装盒相同，但容积要大于包装盒，一般由刚性或半刚性材料制成，有较高强度且不易变形。包装箱的整体强度高，抗变形能力强，包装量大，被广泛地运用于固体杂货的运输包装、外包装。

（1）瓦楞纸箱。瓦楞纸箱是用瓦楞纸板制成的箱形容器，用途广泛，既可以做运输包装，又可以做销售包装；既可用于生产资料包装，又可用于生活资料包装。

（2）木箱。木箱是物品运输中常用的一种包装容器，用量仅次于瓦楞纸箱。它具有防止碰裂、溃散、戳穿的性能，有较大的耐压强度，能承受较大负荷，且制作方便，能装载多种性质不同的物品。但其箱体较重，体积也较大，本身没有防水性。

（3）塑料箱。塑料箱一般用作小型运输包装容器，它的自重轻、耐蚀性好、可装载多种物品，整体性强，强度和耐用性能满足反复使用的要求，可制成多种色彩以对装载物分类。与木箱相比，塑料箱没有木刺，不易伤手，便于手握搬运。

（4）集装箱。集装箱是由钢材或铝材制成的大容积物流装运设备，从包装角度看，它属于一种大型包装箱，可归属于运输包装的类别之中，也是反复使用的周转型包装。

4. 包装瓶

包装瓶所用材料有较高的抗变形能力，刚性、韧性也较强，个别包装的瓶形状在受到外力时虽可发生一定程度的变形，但外力一旦撤除，仍可恢复原来的瓶形。包装瓶的容量一般不大，主要用作液体、粉状货物的商业包装、内包装。

5. 包装罐（筒）

包装罐所用的材料强度较高，罐体抗变形能力强，既可做运输包装、外包装，也可做商业包装、内包装用。包装罐（筒）主要有以下三种。

（1）小型包装罐。小型包装罐是典型的罐体，可用金属材料或非金属材料制造，容量不大，一般用作销售包装、内包装。

（2）中型包装罐。中型包装罐的外形也是典型罐体，容量较大，一般用作化工原材料、土特产的外包装、运输包装。

（3）集装罐。集装罐是一种大型罐体，外形有圆柱形、圆球形、椭球形等，可分为卧式、立式等类型。集装罐往往设置两个口，一口装货，另一口卸货。它是典型的运输包装，适合包装液状、粉状及颗粒状货物。

（二）进行适当调整

选定包装容器后，库管员还要根据物品及容器的特性，对包装方法进行适当的调整，如

第二章 仓库管理基础知识

增强包装的抗震性等。

相关知识

包装抗震常用的方法

物品在储运的过程中,受到冲击和震动而造成损失的情况很多。因此,针对易损坏的物品,在设计包装时,要采用适当的措施,减少物品受到的冲击。

1. 填充缓冲材料

填充缓冲材料是指在物品及其外包装之间填充防震材料,如泡沫塑料防震垫、充气型塑料薄膜防震垫和橡胶弹簧等,从而减少物品受到的震动。

对于整体性好的物品和有内装容器的物品,可以在产品或内包装的拐角或局部地方使用防震材料进行衬垫。

2. 采用悬浮式包装

对于某些贵重、易损的物品,可以采用坚固的外包装容器,然后用绳、带、弹簧等将被装物悬吊在包装容器内,以避免内装物与包装容器发生碰撞,从而减少物品损坏。

3. 捆扎及裹紧

利用捆扎及裹紧等措施,使杂货、散货形成一个牢固的整体,以增加整体性,便于处理及防止散堆。

4. 采用集装技术

利用集装技术,减少与货体的接触,从而防止物品破损。

5. 选择高强度保护材料

通过外包装材料的高强度来防止内装物受外力作用而破损。

6. 增强包装防变质的功能

对于有特殊性质,如易生锈、发霉、虫蛀的物品,应该采用相应的防护措施,防止物品的性质发生变化。

7. 实行标准化包装

实行包装尺寸的标准化能够提高物品储运效率,降低成本。包装尺寸的设计,如纸箱尺寸的设计,要与托盘、集装箱、运输车辆、货架等各种储运设备发生联动,将包装、运输、装卸、保管等不同环节的机械器具的尺寸设计建立在共同的标准之上。

8. 合理安排包装内的物品

为了方便物品储运,可以将多个物品装在同一个包装中,并采用适当的排列方法,以提高单位包装所能容纳的物品数量。

第三节 物品包装知识

（1）合理摆放不规则物品。对于形状不规则的物品，可以采用适当的组合摆放方法，以增加单位包装所容纳的物品数量。例如，对陶瓷用品进行包装时可以按物品的形状大小错开排列，并充分利用物品之间的空位，将产品中的提手、耳、环等藏进空位中，充分利用箱装容量。

（2）合理搭配规则物品。对形状规则的物品，可将大小口径相配套，进行套装包装。这样不仅能够节省包装及储运费用，还可以减少空隙，防止物品破损。例如，对首饰盒、陶瓷器皿、玻璃杯进行包装时，可以利用产品本身大小及形状，采取以大套小的方法套在一起。

（3）合理分拆大型物品。对某些体积不规则、占用面积大，但是可拆卸的物品，如家具、医疗器械等，可把其中某些部件拆开来装，以便缩小体积。

9. 节省包装材料

（1）压缩物品体积。对于体积大、重量轻的轻便物品，如棉花、纺织品、草席、抽纱、渔网、羽毛、单车外胎等的包装，可以通过用压力或真空包装压缩物品体积，以节省包装材料和运费。在压缩物品体积时，要考虑到包装物品的质量。

（2）减少包装用料。在设计包装时，还要考虑包装材料的使用量，在包装容量一定的情况下，尽量减少包装材料的浪费。

通常，包装箱为有一定长、宽、高的立方体，其六个侧面的面积总和就是包装箱的表面积，表面积的大小对包装用料的多少起着决定性作用。

在体积和表面积相同的条件下，长、宽、高有变化，则包装箱的用料也应变化。一般而言，宽小于高或长度的包装省料；宽大于高或长度的包宽度相同，长度大于高度的费料；宽度相同，高度大于长度的省料。

（3）使用可再生材料。包装材料中大量使用纸箱、木箱、塑料容器等，会消耗大量的自然资源。由于资源的有限性，大量开发资源会对环境造成破坏，包装废弃物又会给环境带来负面影响，因此，在设计包装时必须考虑节约资源，尽量使用可再生材料。

五、物品包装作业

进行包装时，可以按照图2-5所示的流程进行作业。

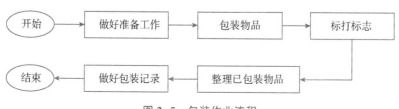

图2-5 包装作业流程

第二章　仓库管理基础知识

（一）做好准备工作

在进行包装作业前，首先要做的准备工作有以下两点：第一，领取包装容器及材料；第二，清点、准备好待包装物品。

（二）包装物品

在对物品进行包装时，库管员应该做到以下三点：第一，确保包装质量，保证包装牢固；第二，在确保包装质量的前提下，尽量节省包装材料，充分利用边角料；第三，进行包装操作时，要注意保护物品及操作人员的人身安全。操纵各种包装机械时，要严格遵守操作守则。

（三）标打标志

对于包装好的物品，还要在上面标示各种包装标志，要求字迹清晰、书写准确，并在相应位置印刷或粘贴条形码。利用旧包装物时，应彻底清除原有标志，以免造成标志混乱，导致出错。

（四）整理已包装物品

对包装好的物品，要进行重新整理。对于要发运的物品，继续办理交运手续；对于仍需储存的物品，要立即进行存储作业。

（五）做好包装记录

包装作业完成后，库管员要根据完成的包装数量、包装材料的领用及实用数量，填写包装记录表（表2-12）。

表2-12　包装记录表

品名	批号	包装规格				领料数量	领料人		日期	班次
包装操作		操作内容	包装材料						操作者	质量检查	检查者
			名称	领入数	实用数	损耗数	退还	偏差			
		装小盒									
		装瓶									
		贴标签									
		装说明书									
		装中盒									
		贴封口签									
		装合格证									
		装外箱									
		本批包装总数				本批并箱批号及数量					
备注											

拓展阅读

龙门起重机的主要技术参数

（1）起重量。起重量是指在正常工作条件下（如稳定性、安全性）允许起升物的最大重量。

（2）起升高度。起升高度是指起重运行轨道顶或地面到取物装置上极限位置的垂直高度。

（3）跨度。跨度是指龙门起重机大车运行轨道中心线之间的距离，决定了龙门起重机横向的工作范围。

（4）大梁总长。大梁总长是指龙门起重机主梁的总长度，是跨度和悬臂长度之和。

第三章

仓库管理作业规划

仓库管理作业规划是进行仓库日常作业管理、仓库货区划分、仓位规划管理、货位规划作业、物品编号管理等的总体筹划。库管员应协助企业做好仓库的管理作业规划，以便更好地发挥仓库的作用。

知识目标

- 了解仓库日常作业管理的方法
- 了解仓库货区规划的原则和要求
- 了解货位规划要求
- 了解物品编号的必要性、作用、原则

技能目标

- 掌握货仓定置管理办法
- 掌握仓位规划管理
- 掌握货位布置方式和货位编号的方法
- 掌握物品编号的方法

第一节 日常作业管理

知识导图

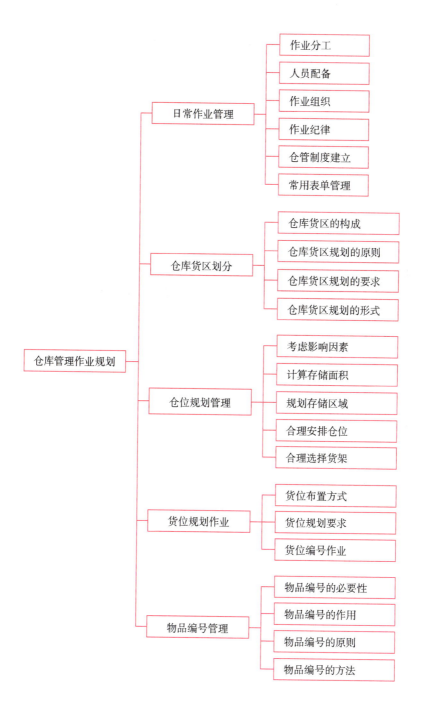

第三章 仓库管理作业规划

引导案例

××电子公司仓库岗位责任制度

（1）仓库的各级人员必须以制定的岗位责任制为依据开展工作，并负责到底。

（2）各级人员的职责原则上不能替代，也不能越权，但遇有紧急情况时例外。紧急情况包括因发生各种灾害而导致情况紧急等。

（3）仓库现场的直接管理责任者是仓库主管，所有日常工作应在主管的安排下集中指挥、统一调度、准时行动，并快速反应信息。

第一节 日常作业管理

一、作业分工

（一）作业分工的类型

仓库作业分工可依其工作性质分为以下三类。

（1）与物品收、存、发直接相关的业务工作。

（2）协调仓库工作顺利进行的管理性工作，如计划、统计、财会、人事等。

（3）协调仓库工作顺利进行的服务性工作，如后勤、保安、设备维修等。

（二）作业分工的原则

科学合理的仓库作业分工，一般应遵循以下原则。

（1）根据仓储作业过程中所采用的设备、工具、操作方法及对技术业务熟练程度的要求，把工作划分为若干区域，分配给不同技术水平的库管员或专门的技术人员。

（2）在分工时，要保证每个员工在一个班组内都有足够的工作量。按技术业务内容分工与配备人员，虽有利于发挥工作人员的技术特长，但易造成工作人员负荷大。所以，分工的粗细应以保证每个工作人员在每个岗位上都有足够的工作量为限度，同时还应考虑培养库管员的一专多能。

（3）按照一个人单独担当工作的可能性分工。考虑分配给一个员工单独担当工作可能性的目的，在于使每个员工都有明确的责任，消除无人负责的现象，并且便于评价员工的劳动成果。

第一节 日常作业管理

二、人员配备

合理配备库管员，就是根据仓库各项工作的需要，给不同的工作配备相应工种的人员，做到人事相宜，人尽其才。对人员配备的要求如下。

（1）要使每个员工所承担的工作，尽可能适合本人的业务水平和工作能力。

（2）要使每个员工有足够的工作量，充分利用工时。

（3）要使每个员工都有明确的任务和责任，建立岗位责任制度。

（4）要有利于加强员工间的联系和协作，保证各项工作的协调性。

（5）要有利于每个员工在岗位上的业务技术发展和素质的全面提高。

（6）要注意各工作岗位的相对稳定，以便于工作的顺利进行和管理。

三、作业组织

库管员在作业分工的基础上，还要注意安排在作业过程中空间和时间上的协作配合。这种作业协作的方式就是仓库作业组织的形式。

（1）仓库作业组织，就是确定各作业单位人员的组成、各作业单位的作业形式，以及各作业单位合理布局等问题；或者说，就是如何划分和确定人员、各作业单位在一定平面上的分布。例如，在安排仓库作业路线时，应避免储存物品在作业过程中的迂回和往返运动。作业过程的空间主要是通过仓库作业场地的合理布置和作业班组的合理划分来实现的，即在划分生产过程中，应根据物品仓储的特点，使储存物品在生产过程中避免往返运转。

（2）库管员在划分组织的各阶段、各环节和各基本工序时，要根据储存物品的特点，使储存物品在作业过程中的移动保持直线前行，避免往返运转。要做到这一点，必须通过仓库管理组织合理安排，必须保证仓库有合理的布局。

（3）仓库作业班组，主要根据仓库的吞吐储存规模、储存物品的类别和生产流的特点等因素来设置。一般来说，仓库按专业化形式来设置班组的较多。在专业化的作业班组里，集中同类的设备和同工种的员工，共同完成作业过程的某一道工序。例如，装卸搬运组，专门负责物品的验收工作；物品维护保管组，专门负责物品的维护保管工作等。按照这个原则设置各作业班组，有利于充分利用机器设备和工作地空间，便于专业化技术管理，同时也有利于工人的技术水平、业务素质的提高。

☞ **小贴士**

仓库作业组织形式的选用，应根据仓库的实际情况和可能，尽量做到节约人力、物力和提高效率。

四、作业纪律

仓库作业纪律是仓库作业组织与管理中必不可少的条件。仓库作业纪律要求每个员工按照有关规定、制度和要求工作，完成自己所承担的工作任务。仓库作业纪律主要包括以下几个方面的内容。

（1）组织纪律。每个员工都得服从调度，听从指挥，遵守个人服从组织、下级服从上级的组织原则，对部门主管分配的工作不讨价还价，并保证圆满完成工作任务。

（2）生产技术纪律。每个员工都应严格遵守各种规章制度，如岗位责任制、安全技术规程、接班制度等。

（3）工作时间纪律。每个员工都要遵守考勤制度，坚守工作岗位，并将工作时间全部用于业务工作。

（4）安全保卫纪律。要求每个员工严格遵守有关仓储安全保卫工作的规章。

五、仓管制度建立

仓管（仓库管理）制度，是指在例行的仓库管理活动中应共同遵循的有关规程和准则。建立健全仓库管理工作的各项规章制度，是做好仓库管理工作的主要手段。

（一）仓管制度的类型

仓管制度一般有两类：一是国家和主管部门规定的规章制度；二是企业内部自行拟订的各项规定、办法和条例。前者原则性较强，后者受前者的制约，它们都是从物品管理的需要出发按不同的工作性质分别制定的。

从企业内部自行拟订的规章制度来看，有的是为经营管理的需要而建立的，有的是应物品的技术性能的需要而建立的，有的与社会制度、经济管理体制密切联系，有的则是任何有组织、有共同目标的集体活动所必须建立健全和严格遵守的。仓管制度归纳起来可分为以下三大部分。

1. 责任制度

责任制度规定仓库管理部门的管理人员和员工所在岗位应承担的任务和要求，包括基本职责，经常性业务工作的任务、各项工作标准、协作关系和考核办法等内容。要求通过搞好岗位责任制，把责任权利落实到岗位（人），以利于监督、考核和奖惩，调动员工的积极性。

2. 工作制度

工作制度规定了企业仓库管理活动过程的各个部门、各个环节应达到的目标、标准数量和质量方面的要求,以及在实现目标、标准的规则、顺序、手续、形式和方法等方面所做的规定。它大致有以下几个方面的具体内容。

(1) 仓库计划管理制度,如计划的编制、检查、统计等。

(2) 仓库采购搬运制度,如申请、订货、催交、运输等。

(3) 仓库定额管理制度,如消耗定额、储备定额和资金定额的制定和管理等。

(4) 仓库存储制度,如验收入库、保养和安全工作等。

(5) 仓库供应制度,如领料、发料、退料、核销、下料前的加工整理工作等。

(6) 仓库节约制度,如综合利用、回收废旧、修旧利废等。

(7) 仓库经济核算制度,如仓储费用的核算等。

实例 3-1

××公司仓库作业组织制度

(1) 作业组织的目标:在有效的策划与部署下,快速行动,以最小的人力、物力消耗,优质、高效和安全地完成任务。

(2) 仓库的资源配置应能满足岗位责任制度的需要,如人力、机械、设备、场地、环境等方面要及时满足。

(3) 信息的收集与反馈要及时、有效,如有关职能部门的业务计划、用料计划、保管计划和运输与配送信息等。

(4) 仓库主管应负责编制作业计划,包括月度计划和旬计划。

(5) 作业中如发现作业能力不足、完成任务有困难,相关责任人要及早报告,以便及时采取应对措施。

(6) 库管员负责制定具体的作业方案,对方案中有要求协助事项的要在仓库主任的批准下请求派工。

(7) 作业任务分配到班后,相关人员要积极完成。质量、数量、时间等要素的作业完成情况,由责任人进行检查和确认,出现隐患或问题时要及时采取措施预防或处理。

(8) 作业组织形式可以分为工序制与包干制两种,具体选择的结果必须得到仓库主管的口头批准。

实例 3-2

××公司仓库入库业务管理制度

在车站、码头提货时,责任人要做到以下几点。

(1) 了解所提取货物的品名、型号、特性和一般保管与搬运知识。

(2) 在提货前做好准备工作,如装卸工具、运输设备、存放场地等。

(3) 主动了解到货时间与交货情况。

(4) 提取货物时应根据货单资料详细核对品名、规格、数量等。

(5) 注意检查货物外观，查验包装状态，如封印是否完好，有无脏污、受潮、水渍、油渍等，若有疑点或不符，必须当场核对。

(6) 确认提货无误后方可安排搬运。

物品的验收过程包括对实物的数量和质量进行规定程序的检查，只有验收合格的物品方可入库保管。

验收合格的物品由库管员负责入账，内容包括记入账簿和录入电脑，并记录物品的类别、品名、规格、数量、批次、编号、供货单位等。

已入账的物品由库管员负责建立标志卡，如现品表、存储卡等，并在搬运人员的协助下将物品按规定放置到指定的区域。

由库管员负责对已入库的物品建立物品档案，其内容包括：①物品出厂的各种凭证；②物品的技术资料；③物品运输过程中的特别事项记录；④检查及检验凭证；⑤物品保管期的检查记录结果、养护措施及损益变动情况；⑥环境管理要点；⑦物品出库凭证。

实例 3-3

××公司仓库出库业务管理制度

(1) 发出物品的凭证是有效的物品配送单和出库单，仓管人员凭此单据发出物品。

(2) 发料时必须遵守先入先出的原则，严防物品过期变质。

(3) 严格执行专料专用规定，不得随意挪用物品。

(4) 对规定必须回收的物品严格执行回收制度，退旧才能领新，领新必先退旧。

(5) 有异常情况时必须报相关的主管级以上管理者批准。

(6) 严格按照物品消耗定额发料，超出定额时必须有相关部门主管的批准。

(7) 物品出库的"五不"发料原则：①无发料凭证或凭证无效时不发；②手续不合要求的不发；③质量不合要求的不发；④规格不对、配件不齐的不发；⑤未经登账入卡的物品不发。

(8) 物品出库必须准确、及时，出库工作应尽量一次完成，以免造成混乱和差错。

(9) 物品出库后必须及时入账，确保账目与实物保持平衡。

实例 3-4

××公司仓库在库业务管理制度

(1) 为物品提供适宜的保管环境，要求责任人根据不同的物性并结合具体条件，将物品存放在合理的场所和位置。

(2) 为物品提供必要的保养和维护，这是为物品创造良好的保管条件的补充，可以满足物品的物理和化学特性变化的需要。

(3) 按规定的频率进行盘点，并提供有效的数据信息，以便得到准确的统计结果。

(4) 如需要调整物品的存储位置时，应在主管的批准下按相关规定进行。

(5) 存储中的物品如发生纸箱变形、倾斜、挤压、跌落等现象时，责任人要及时采取措施处理，严防后果扩大。

实例 3-5

××公司仓库人员进出管理制度

(1) 除物品责任人和搬运人员外，其他人员未经批准，一律不得进入仓库。

(2) 严禁任何人在进出仓库时私自携带物品。

(3) 遇有来宾视察时，必须在主任级别以上的人员陪同下方可进入仓库。

实例 3-6

××公司仓库安全管理制度

(1) 仓库安全，人人有责，任何人不得有损害仓库安全的行为。

(2) 仓库的消防系统由行政部的总务组负责维护，并按月进行检查、确认。

(3) 在仓库从事电焊等高危度作业，必须有相关部门主管的批准，并在确认防护措施完好后方可开始作业。

(4) 仓库重地，严禁烟火，任何人不得携带火源、火种进入库区。

(5) 仓库的建筑设施由行政部后勤处负责维护，如防风暴、防雨水、防鼠及虫害等事务要定期检查，消除隐患。

(6) 严格落实防盗措施，凡有门锁的库房，人员离开时必须加锁，将钥匙统一放在办公室保管。授权的密码要妥善管理，严禁向未授权人员泄露密码。

(7) 仓库的内部保安人员要严格执行放行制度，及时做好必要的记录，对发出的大宗物品或比较贵重的物品，有责任查看出库凭证。

(8) 严禁在物品数据库的专用电脑上从事其他业务，查询完资料后必须及时退出系统，严防病毒侵袭和非法操作。

3. 人员管理制度

人员管理制度是为更好地实现仓库管理工作的正常进行而制定的，如人员培训制度、考核制度、考勤制度、奖惩制度等。

（二）仓管制度的制定要点

仓管制度是一项思想性、政策性、业务性和群众性都很强的工作。库管员制定仓管制度时要切合实际，简明扼要；要求明确，责任清楚，便于检查；依靠员工，经过实践，使员工能把制度的约束力和自觉遵守结合起来。在执行中，要正确处理"管"与"教"、"破"与"立"的关系，保持相对稳定，不要轻易改动，以确立制度的权威性。另外，库管员也要依据形势的发展和实际工作经验的积累，对制度进行必要的补充和修改，使之臻于完善，发挥它应有的作用。

六、常用表单管理

（一）物证卡管理

仓库物品建账应做到账物一致、卡证对应。账，是指仓库物品档案。物，是指仓库储存物品。卡，是指明确标示于物品所在位置而便于存取的牌卡。证，是指出入库的原始凭据、品质合格记录等。

（二）物品卡管理

1. 物品卡的内容构成

物品卡上应记明以下几项。

（1）物品编号。

（2）物品名称。

（3）物品的储放位置或编号。

（4）物品的等级或分类（如主生产材料或 A、B、C 分类）。

（5）物品的安全存量与最高存量。

（6）物品的订购点和订购量。

（7）物品的订购前置时间（购备时间）。

（8）物品的出入库及结存记录（账目反映）。

2. 物品卡管理应起到的作用

（1）是账目与物品的桥梁。

（2）方便物品信息的反馈。

（3）料上有账，账上有料，非常直观，一目了然。

（4）方便物品的收发工作。

（5）方便账目的查询工作。

（6）方便每周、月度、季度、年度的盘点工作。

第二节 仓库货区划分

相关知识

仓库记录管理要求

详细的存货记录应由一个未得到存货移动或存货保管授权的员工填写。

明细的存货记录应当反映原材料、包装材料、在制品、产成品和样品等存货的数量和金额。

对所有存货项目应具备永续盘存制记录。凡实行永续盘存制时，该记录应当表明地点、最低与最高存货水平、收货来源、品质控制地位、发货的详细情况和批号。

应当编制包括所有种类的存货定期报告，要表明所有陈旧、损坏和呆滞的材料。

详列的各种类别的存货记录，应至少每季度与总分类账核对调节一次。存货储藏期分析应与永续盘存制记录予以核对调节，并由指定人员审批该调节表。

3. 账簿管理

账目是企业用来反映生产过程或结果的方式。清晰、准确的货仓账目，对评估公司资产起着重要作用。同时，及时、完整的工作表单记录是核查工作成效的依据。货仓账目主要有以下几种：材料账、半配件账、固定资产账、轴助材料账、低值易耗品账。

4. 常用报表

仓库常用的报表主要有进货日报表、材料收发日报表、材料库存日报表、半成品库存日报表、成品库存日报表、呆料库存月报表、送货日报表、退料月报表等。

第二节　仓库货区划分

一、仓库货区的构成

仓库是存放物品的库房，根据仓库中各区域的主要用途，可以将仓库分为存储区、辅助生产区和行政生活区三大部分。

（一）存储区

存储区是仓库的主体部分，它是物品储运活动的场所，主要包括储货区、铁路专用线及道路、装卸站台三部分。

1. 储货区

储货区是储存和保管物品的场所，具体可分为库房、货棚、货场。

（1）库房。库房是储存货物的封闭式建筑，根据建筑的结构不同，可以分为砖木结构的库房、水泥混凝土结构的库房和全钢结构的库房，它主要用来储存受气候条件影响的物品或货物，如一般的消费品和大部分生产原材料等。

（2）货棚。货棚是储存货物的设施，只有顶棚，四周并不是封闭的。货棚可以用来储存受气候条件影响不大的货物，如桶装液体货物、有色锭材、汽车及机械设备等。

（3）货场。货场是用于储存货物的露天堆场，主要用于储存基本不受气候条件影响的货物，如大型钢材、水泥制品等。

2. 铁路专用线路及道路

铁路专用线路是由国家铁路部门直接引入企业，专供一些物流、采矿、大型制造业企业使用的铁路。通过铁路专用线路，运货的火车可以直接沿铁路将货物运到企业仓库内部。

仓库内的道路是仓库内外物品的主要运输通道，供运货的汽车或其他搬运工具行驶，物品的进出库、库内物品的搬运，都需要通过这些运输线路。

> ☞ **小贴士**
>
> 在安排仓库内的道路时，要确保货物运输途径的畅通，并将铁路专用线路与仓库内的其他道路相通，以保证货物搬运作业的流畅。

3. 装卸站台

装卸站台是供火车或汽车装卸物品的平台，一般有单独站台和库边站台两种。装卸站台的高度和宽度应该根据运输工具及装卸作业方式确定。

（二）辅助生产区

辅助生产区是为物品储运保管工作服务的辅助车间或服务站，包括车库变电室、油库、维修车间、包装材料间等。辅助生产区应尽量靠近生产作业区。在小型企业仓库中，由于辅助作业量较小，存放物品或机械设备少，可以不单设辅助生产区，可在库房、货棚和货场内划出一小块地段，作为辅助生产区。

（三）行政生活区

行政生活区是仓库行政管理机构的办公地点和生活区域，是仓库中不可缺少的组成部分，其所占面积大小，应视仓库业务范围和人员多少而定。为了便于仓储业务的接洽和管理，保证仓库的安全、行政办公和居民生活的安静，行政生活区应该与存储区、辅助生产区分开，并保持一定距离，因此一般应设于仓库入口附近。

无火灾危险性、吞吐量较大和出入库频繁的库房，要布置在库区中央靠近出入处的地方；吞吐量不大、出入不频繁的库房，布置在库区的两翼和后部；有火灾危险的库房，宜布置在库区的下风侧面。

2. 确定货棚的位置

货棚除了储存部分货物外，还可以作为卸货待检、出库待运的场所，因此，货棚的布置应紧靠库房。如果是站台库房，货棚与库房应连接起来，以便起到防雨的作用。

3. 确定货场的位置

货场位置应充分考虑铁路专用线的走向，专用线应尽量贯穿货场。同时，应尽量利用行车（用于装卸物品的大型起重设备）的跨度，实行跨线作业，以减少装卸作业环节。

（二）规划库区道路

规划合理的运输及搬运道路，可以减少货物装卸、搬运的时间，并防止出现物品堵塞的现象。要想规划好仓库的道路，库管员必须注意以下几个问题。

1. 道路要宽广

在规划仓库内的道路时，要尽可能地兼顾所有规格的货车，在不影响库存面积的情况下规划出宽广的道路，便于库区内车辆的行驶。

2. 安排好停车的位置

在规划仓库的道路时，还要考虑可能会出现因暂时无法卸货而必须暂时停靠在库区的情况，并为这些车辆划出一定的停靠地点，避免因为车辆的随意停靠而造成道路的堵塞。

3. 规划车辆的运行方向

为了使进入库区的车辆能够顺畅地运行，减少堵塞发生的可能性，库管员应该在规划道路时确定一定的运行方向，保障车辆在库区内顺利行驶。

四、仓库货区规划的形式

为了提高物品的保管质量，方便进出库作业，库管员必须了解常见货区的规划形式。

（一）平面划分

平面划分是指对货区内的货垛、通道、垛间（架间）距、收发货区等进行合理的规划，并正确安排它们的相对位置。平面划分主要依据库存各类物品在仓库中的作业成本，按成本高低分为A类、B类、C类，A类物品作业量应占据作业最有利的货位，B类次之，C类最后。

平面布置的形式有垂直式和倾斜式两种。

1. 垂直式布置

垂直式布置是指货垛或货架的排列与仓库的侧墙互相垂直或平行，具体包括横列式布局、纵列式布局和纵横式布局。

（1）横列式布局是指货垛或货架的长度方向与仓库的侧墙互相垂直（图3-1），其主要优点：主通道长且宽，副通道短，整齐美观，便于存取、盘点，如果用于库房布局，还有利于通风和采光。

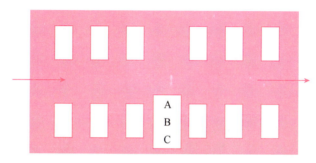

图3-1　横列式布局

（2）纵列式布局是指货垛或货架的长度方向与仓库侧墙平行（图3-2），其主要优点：可以根据库存物品在库时间的不同和进出频繁程度安排货位，在库时间短、进出频繁的物品放置在主通道两侧，在库时间长、进出不频繁的物品放置在里侧。

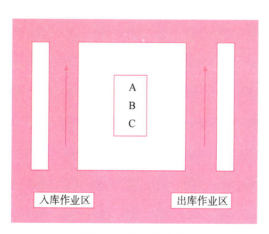

图3-2　纵列式布局

（3）纵横式布局是指在同一保管场所内，横列式布局和纵列式布局兼而有之，可以综合利用两种布局的优点（图3-3）。

第三章　仓库管理作业规划

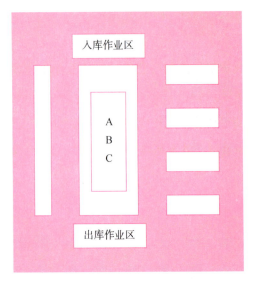

图3-3　纵横式布局

2. 倾斜式布置

倾斜式布置是指货垛或货架与仓库侧墙或主通道成60°、45°或30°夹角，具体包括货垛（架）倾斜式布局和通道倾斜式布局。

（1）货垛（架）倾斜式布局是横列式布局的变形（图3-4），这是为了便于叉车作业、缩小叉车的回转角度、提高作业效率而采用的布局方式。

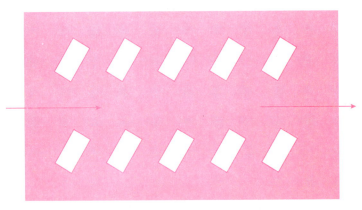

图3-4　货垛（架）倾斜式布局

（2）通道倾斜式布局是指仓库的通道斜穿保管区，把仓库划分为具有不同作业特点的区域，如大量储存和少量储存的保管区等，以便进行综合利用（图3-5）。在这种布局形式下，仓库内的形式复杂，货位和进出库路径较多。

第二节 仓库货区划分

图 3-5 通道倾斜式布局

（二）空间划分

空间划分也称为仓库内部竖向布局，是指库存物品在仓库立体空间上的布局，其目的在于充分有效地利用仓库空间。空间划分的形式主要有：就地堆码、上货架存放、架上平台（图 3-6）和空中悬挂等形式。

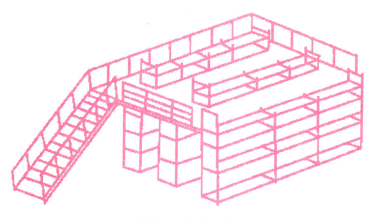

图 3-6 架上平台

相关知识

××公司货仓定置管理办法

1. 制定目的

规范仓库规划管理，使之合理、高效、安全，并有章可循。

2. 适用范围

有关仓库设置、区域划分、物品定位、储存方式、物品标示等方面的作业，均依本制度处理。

3. 权责单位

资材部负责本制度的起草、制定、修改、废止工作。

总经理负责本制度制定、修改、废止的核准。

4. 规定

（1）仓库设置

① 仓库类别。本公司仓库分设原料仓库、半成品仓库、成品仓库及物品仓库四类。

第一，原料仓库储存从外部购买的、直接用于产品生产使用的各种原材料、零配件等物品，如纸箱、塑胶袋等。

第二，半成品仓库储存内部作业过程中的各类半成品、零配件等物品，同时也储存委托加工的半成品、零配件等物品，如塑胶制品、电镀品、涂装品等。

第三，成品仓库储存已经全部加工完成等待出货的成品。

第四，物品仓库储存各种非直接用于产品生产使用的辅助物品，如工具、劳保用品、办公用品、擦拭剂等。

② 仓储面积分配。根据下述原则对各类仓库的面积进行分配，仓库面积应尽量减少。

第一，物品的基准存量及容量所需的面积。

第二，物品搬运储存的便捷性。

第三，物品堆叠的难易度。

第四，为搬运工具、人员预留的通道大小。

③ 仓库位置确定。仓库位置的确定依据下列原则进行。

第一，方便物品进出作业。

第二，确保物流的顺畅，减少搬运的浪费。

第三，确保物品安全性，如远离明火、高温区等。

第四，同类仓库尽量集中，方便管理，如成品仓库只设置一个。

第五，同类仓库确需设立两个或多个仓库以符合前三项原则时，应分设。

④ 公共设施规划。公共设施规划应考虑以下事项。

第一，仓库结构，如支柱、楼梯、走道、办公场所等。

第二，仓储设施，如货架、储柜、空调间等。

第三，配套设施，如灭火器、消防栓、照明灯等。

（2）料位设定

① 仓库区域划分。仓库区域划分应遵循的原则如下。

第一，依物品的不同类别，如五金类、塑胶类、电子类、包装类等划分区域。

第三节 仓位规划管理

第二，用代号区分不同的区域，如A区代表五金，B区代表塑胶等。

第三，依据各物品基准存量及容量为各区域划分面积。

第四，以方便物品进出仓库的原则划分区域。

第五，绘出划定区域的仓库定置图，悬挂于仓库醒目位置。

② 物品定位。同区内各物品的定位依据下述原则。

第一，以基准存量和容量预留空间。

第二，进出频繁的物品，应考虑其装卸的便捷性。

第三，符合先进先出的存放方式。

第四，将各区的位置按货架或储柜等编号，如A01代表A区第1个货架，B12代表B区第12个货架。

第五，物品存放的货架号码填于账册的"存放地点"栏或"备注"栏，以方便了解物品储位，遵循先进先出的原则。

（3）储存标示。

① 储存方式。物品储存方式应依据下列原则。

第一，尽量利用空间。

第二，存量高者尽量使用货架，存量低者尽量使用储柜。

第三，耐压性差的物品应注意承重及堆高层数。

第四，易燃易爆物品应遵守有关安全规定，妥善储存。

第五，尽量采用标准包装方式，如桶装、盒装、柜装、箱装等。

第六，依据搬运工具设定堆叠方式，如搬运工具为堆高机、人力叉车、手推车，应分别设定不同的堆叠方式。

② 物品标示。物品标示应遵循下列原则。

第一，建立物品卡。

第二，明确标示物品的品名、编号、规格、数量、入厂日期。

第三，物品进、出之后，其标示的数量、日期等内容应及时更新。

第四，应保证不同批次的物品具有可追溯性。

第五，应用颜色管理并区分不同性质的物品，如绿色区代表合格品区、黄色区代表待检暂存品区、红色区代表退货品区等。

第三节 仓位规划管理

一、考虑影响因素

影响仓位规划的因素，如图3-7所示。

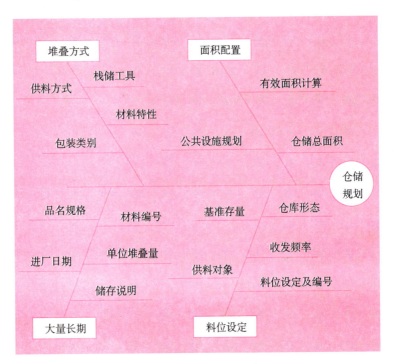

图3-7 仓位规划应考虑的因素

二、计算存储面积

在进行仓位划分时，库管员首先需要正确地计算并规划出仓库中可以使用的、能够用于保存物品的面积。

（一）了解有效存储面积

一般来说，仓库的面积可以分为建筑面积、使用面积和有效面积三类。表3-1是各种仓库面积的定义及计算方法，库管员必须牢牢掌握。

第三节 仓位规划管理

表 3-1 仓库面积的计算方法

仓库面积	定义	计算方法
建筑面积	库房所占用的土地面积	库房外墙线所围成的水平面积
使用面积	库房内可供使用的面积	库房内墙线所围成的面积，并除去库房内立柱、电梯、消防设施、办公设施等所占的面积
有效面积	实际用来存放物品的面积，即货位和货架等所占的面积	使用面积除去过道、垛距、墙距及进行验收备料等区域后所剩的面积

（二）规划有效存储区域

在仓库已经建成的情况下，由于仓库内立柱、电梯等都已经完工，无法对其进行更改，此时，为了扩大仓库储存物品的能力，库管员就需要对仓库过道及其他各种设施的设置进行合理的规划，从而扩大仓库的有效面积。

1. 设计仓库通道

仓库内的通道是除了货物存储面积外所占面积最大的部分，它的设计要求保证货物能够有效地存取、搬运，装卸设备能够正常地运作，电梯、防火设施及服务区的设备能够方便地使用。

虽然减少通道面积就意味着增加了保管面积，但是过于狭窄的通道会影响作业车辆的通行及回转。在规划仓库通道时，一定要充分考虑作业设施运行需要的最小宽度，并设置供其回转的空间。

2. 规划其他非存储区域

仓库中其他的非存储区域主要包括仓库内的卫生间、楼梯、办公室、清扫工具室、消防设施等，它们应该尽量设置在保管区域的角落或边缘，以免影响保管空间的整体性，从而相应增加储存货物的保管空间。

三、规划存储区域

规划出仓库的有效使用面积后，库管员还需要根据仓库作业的需要，将仓库中可存储物品的区域划分为待检区、待处理区、合格物品储存区及不合格物品隔离区，以放置处于不同状态的物品。仓库存储区域划分如表 3-2 所示。

第三章 仓库管理作业规划

表 3-2 仓库存储区域划分

仓库区域	位置要求	作用	标志颜色
待检区	在仓库入口附近，便于物品的卸载及检验	暂时存放处于检验过程中的物品	黄色标志
待处理区	在仓库入口附近，与待检区邻近，以方便对其进行检验	暂时存放不具备验收条件或质量暂时不能够确认的物品	白色标志
合格物品储存区	仓库的主要存储区域	保存合格的物品	绿色标志
不合格物品隔离区	在仓库的出口附近，便于物品的搬运	暂时存放质量不合格的物品	红色标志

四、合理安排仓位

为了提高仓库的运转效率，在仓库中规划出放置物品的区域后，库管员还需要根据所存放物品的特点，为其确定具体的仓位。

（一）仓位的布置方法

仓库仓位的布置方法主要有以下几种形式。

（1）横列式，是指货垛或货架与库房的宽向平行排列。

（2）纵列式，是指货垛或货架与库房的宽向垂直排列。

（3）混合式，是指将横列式与纵列式混合在同一个库房布局。

（二）布置仓位时需要注意的问题

1. 根据物品的保管要求划分仓位

为了方便物品的保存及养护，库管员可以根据物品的保管要求对物品的仓位进行划分，将需要相同的温湿度、保养方法及灭火方法的物品进行分类保存。

2. 根据物品的储备定额决定仓位

为了保证物品有足够的空间存储，库管员需要根据物品储备定额，规划其在仓库中的仓位。对于储备定额量较大的物品，应该规划出较大的仓位对其进行存放；对于储备定额量较小的物品，可以适当地规划出较小的存储仓位。

3. 根据物品分类目录规划仓位

为了便于仓库中储存物品的管理，库管员可以根据物品的分类目录对其进行仓位的规划。例如，对建筑材料仓位进行规划时，可以按照存储物品的属性将其分为五金交电水暖类、化工（油漆）铝钢材类、板（木）材建材（包括瓷砖）类、手动工具和机具及配件类、日杂防护劳保用品类，并对其进行分类保存。

4. 根据物用频率确定仓位

为了加快物品的流转速度，对于使用频率较高、周转速度较快的物品，应该将其仓位确定在距离仓库进出口较近、便于装卸及搬运的位置；对于使用频率低的物品，可以将其仓位确定在仓库的中央。

五、合理选择货架

货架是直接保管物品的设施，库管员必须对货架的常见类型有所了解。在仓库中使用的货架，可分为普通货架和特殊货架两类。

（一）普通货架

普通货架是目前仓库中广泛使用的一类货架。这类货架从不同的角度可分为不同的类别：①按载重量可划分为轻型、中型和重型三种货架；②按形状和用途可区分为H形货架、A形通用货架、条形货架、悬臂形货架（用于存放钢筋、钢管等链条形物品）、抽斗形货架（用于存放小件物品，如仪表、工具、零件等）。

（二）特殊货架

仓储专业化、机械化、自动化水平的提高，客观上要求仓库具有更高的效率，这就产生了各种不同类型的特殊货架，主要有以下几种。

1. 阁楼形货架

阁楼形货架的基本结构是在一层货架的顶部铺设顶板，再在其上安放一层货架。如果仓库的空间允许，还可以安装第三层货架。这种货架一般采用全装配式，拆装方便。使用这种货架，仓库空间的利用率可成倍提高。在改造旧仓库时，应用这种货架是提高仓库储存能力的有效措施。

2. 可进车货架

在仓库中，为了满足进出货物的要求，需要留出一定的通道。尤其是在利用机械进出货的仓库中，通道所占的面积更大，往往达到仓库面积的1/3~2/3，从而降低了仓库的平面利用率。为了减少通道的占用面积，相关人员专门设计了可进车的货架，使货架和通道成为一体。进货时，叉车进入货架内将货物卸放在临时搭置的阁楼货架上，然后顺序推移，直至装满，而在取货时则从外向内按顺序进行。这种货架由于节省了通道占地，提高了仓库平面利用率。但是，这种货架不能实现先进先出的要求。

3. 传送带式货架

传送带式货架（或称流动式货架）是将链式传送带、柱式传送带或滚轮式传送带安装在货架间隔内并保持一定坡度，从一端放入的货物就会在本身重力的作用下，沿传送带迅速移动到另一端。整个仓库只需在进出货的两端设置通道，从而提高了仓库的平面利用率。这种货架可以实现先进先出的要求，经济效果较好。

4. 密集型货架

对仓库货架的排列，显然是排列得越密，仓库的利用率就越高。但是，由于必须留足工人的操作通道和搬运机械的行走通道，因此货架不可能排列得太密。如果在地面上铺设轨道，货架沿轨道运动，就可以使货架紧密排列而无须设置通道，存取货物时，只需将货架沿轨道拉出室外进行存取操作。

5. 高层货架和立体仓库

为了节省用地，充分利用空间高度，工业发达国家近年来还大力发展了高层货架。高层货架是立体仓库的主要设施，它主要用于托盘等“单元组合货载”。在立体仓库中，一般不用叉车作业，而是采用沿货架运动的升降举货机作业，因而这种仓库也叫自动仓库或无人仓库。

第四节　货位规划作业

一、货位布置方式

（一）横列式货位

横列式货位是指货垛或货架与库房的宽向平行排列（图 3-8）。

A
B C
D E
F G
H I
J K
L M
N
O P
Q R
S T
U V
待验、待发区

图 3-8　横列式货位示意图

（二）纵列式货位

纵列式货位是指货垛或货架与库房的宽向垂直排列（图 3-9）。

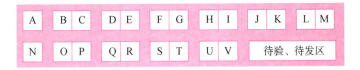

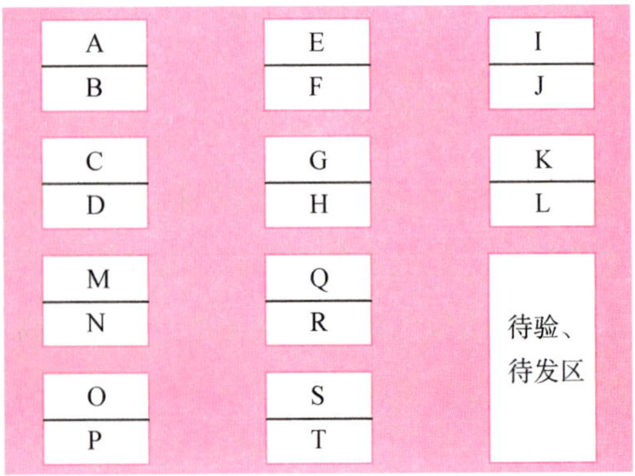
A
B
E
F
I
J
C
D
G
H
K
L
M
N
Q
R
待验、
待发区
O
P
S
T

图 3-9　纵列式货位示意图

（三）混合式货位

混合式货位是指横列式与纵列式混合在同一个库房布局（图 3-10）。

图 3-10　混合式货位示意

> **小贴士**
>
> 　　露天货场的货位布置，一般与货物的主要作业通道呈垂直方向排列货垛。应当注意的是，库房、货场布置，要注意留出合适的墙距和垛距。

二、货位规划要求

货位规划的基本要求是充分满足物品的保管要求和作业的需求。例如，怕潮、怕压的物品不宜码大垛，要考虑进出物品和操作的方便，要有利于提高设备利用率，因此，要留出一定的作业通道、垛距、墙距等。要合理、充分利用库房面积，尽量提高仓库的利用率。货位布置应明显，可用漆线在地坪上画线固定，堆放物品时以漆线为界（图 3-11）。

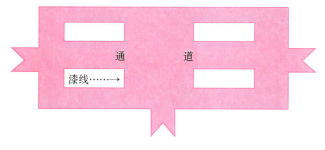

图 3-11　用漆线标明货位

三、货位编号作业

货位编号是将库房、货场、货棚、货垛、货架及物品的存放具体位置按顺序统一编列号码，并标上明显标志。实行货位编号，既有利于提高物品收效率，减少串号和错发现象，便于库管员之间的合作互助、调闲帮忙；也有利于仓储物品的检查监督和盘存统计，账页、编号相结合，可以见物知账页、见账知货位，为实现账、卡、物、证的"四对口"创造条件。

（一）货位编号的要求

在品种、数量很多和进出库频繁的仓库里，库管员必须准确地掌握每批货物的存放位置。货位编号如同货物在库的"住址"，要做好货位编号工作，应该从不同的库房条件、货物类别和批量整零的情况出发，搞好货位画线及编号秩序，以符合"标志明显易找，编排循规有序"的要求。

1. 标志设置

货位编号的标志设置要因地制宜，采取适当方法，选择适当位置。例如，仓库标志，可在库门外挂牌；库房标志，可写在库门上；货物货位标志，可竖立标牌；多层建筑库房的走道、支道、段位的标志，一般刷置在水泥或木板地坪上；存放粉末类、大件笨重类货物的库房，其标志也有印置在天花板上的；泥土地坪的简易货棚内的货位标志，可利用柱、墙、顶、梁刷置或悬挂标牌。

2. 标志制作

目前，仓库货位编号的标志五花八门，很不规范。例如，有的以甲、乙、丙、丁为标志，有的以A、B、C、D为标志，也有的以东、西、南、北和地名为标志，很容易造成单据串库及货物错收、错发事故。因此，货位的标志要有规律，序号应连续，不能出现断号或跳号的情况。

另外，制作库房和走道、支道的标志，可在阿拉伯字码外，再辅以圆圈。可用不同直径的圆表示不同处的标志。例如，库房标志圆的直径为24厘米；走道、支道标志圆的直径为16厘米，走道、支道标志还可在圆圈上附加箭头示标志。在圆圈上可用白漆刷上阿拉伯数字。

3. 编号顺序

仓库范围的房、棚、场及库房内的走道、支道、段位的编号，基本上以进门的方向按左单右双或自左而右的规则进行。

4. 段位间隔

段位间隔的宽窄取决于储存货物的批量。

（二）货位编号的方法

1. 库房编号

对库房、货棚、货场齐备的仓库，在编号时，对房、棚、场应有明显区别，可加注"棚一"或"场一"等字样。无加注字样者，即为库房的编号对多层库层的编号排列，可采用"三号定位"法或"四号定位"法。"三号定位"法用三个数字号码表示。个位数指仓间编号,十位数指楼层编号,百位数指仓库编号。例如,"142"编号,就是指 1 号库、第 4 层楼、2 号仓间;"四号定位"法中,个位数指物品具体位置顺序编号,十位数指货区排次或货架层次编号,百位数指货区或货架编号,千位数指库房或货场编号。又如,"13-15-2-26"编号,即 13 号库、15 号货架、第 2 层、第 26 号货位。

2. 货场货位编号

货场货位编号一般有两种方法:①按照货位的排列编成排号,再在排号内按顺序编号;②不编排号,采取自左至右和自前至后的方法,按顺序编号。

3. 货架货位编号

在以整个货物进出的仓库里,货架的作用主要是提高库房高度利用率。货架货位编号一般从属段位编号,只需在段号末尾加注字样,即可按位找货。

4. 库房走道、支道及段位编号

库房走道、支道及段位编号方法,仍以进入库门的方向按左单右双的顺序排列。库房中,如遇内外墙相对的走道、支道,其横道应取自左至右的方向,再按左单右双的顺序编号。

第五节　物品编号管理

一、物品编号的必要性

物品编号是一种以简单的文字、符号、字母、数字来替代物品、品名规格、属类及其他有关事项的方法。当企业物品种类很少时,物品是否编号无关紧要;但当企业物品有成百上千种时,不进行编号管理就容易产生混乱,特别是在信息化时代,对物品进行编号更是必不可少的。

二、物品编号的作用

通过对物品进行编号管理,可以提高仓储管理的效率,其具体作用表现在以下几个方面。

(一) 确保物品信息传递的准确性

物品编号相当于物品的"身份证号码"。在物品流通过程中,使用物品编号表示物品,

可以避免由于对物品名称的误解而产生沟通障碍，使物品信息传递更加准确。

（二）提高物品管理的效率

在对物品进行管理的过程中，以物品编号来代替物品名称的记录，既简便又不容易出错，因而提高了物品管理的效率。

（三）适应电脑系统管理

对物品进行系统的编号，极大地方便了利用电脑系统管理库存，充分利用电脑对库存物品信息的记录、计算、传输及分析的功能，及时掌握库存物品的各种状态，从而减少呆废料的产生，实现对库存结构的优化管理。

（四）增加严密性及安全性

对物品进行编号管理，制定统一的物品编号，可以使物品存储更加有序，不容易被遗漏，也可以使物品的管理更具有安全性，防止机密外泄。

（五）便于库存报表管理

使用统一的物品编号，能够使库管员在填写各种库存报表时对同一物品采用统一的名称，从而便于对各种库存报表中的数据进行管理。

三、物品编号的原则

（一）简明

物品编号的目的就是化繁为简，如果物品编号太复杂，就违背了编号的目的。因此物品编号使用各种文字、符号、字母、数字时应尽量简单、明了，不必编得太复杂，以利于记忆、查询、阅读、抄写，并可减少出错的机会。

（二）延展性

对于复杂的物品，进行大分类后还要进行细分类。例如，把物品分成五金类，五金类后面还分成五金管材类、螺栓类等，管材类又有不锈钢管、碳钢管等分类，不锈钢管又有不同的大小规格等。所以编号时应注意所选择的数字或字母要具有延展性。

（三）完整性

在给物品编号时，所有的物品都应有对应的物品编号，这样的物品编号才是完整的。如果有些物品找不到对应的料号，这个物品编号就不完整。另外，新物品也应赋予新的料号。

（四）对应性

物品编号的对应性是指一个物品编号只能代表一项物品，不能使用一个物品编号代表数项物品，或数个物品编号代表一项物品，即物品编号应一一对应。

第五节 物品编号管理

（五）规律性

物品编号要统一，分类要具有规律性，如果这次编号按某一标准分，下次编号按另一标准分，就很容易造成混乱。

（六）伸缩性

物品编号要考虑到未来新产品、新材料存在发展扩充的情形，要预留一定的余地，新材料也有对应的唯一的料号，否则新物品就无料号可用了。

（七）有组织、有顺序

物品编号应有组织、有顺序，以便使库管员根据物品编号查询某项物品的资料，使物品管理变得更加顺利和方便。

（八）适应电脑管理

电脑的应用给物品管理带来了便利。现代的公司基本使用了电脑信息管理系统，使用物品编号可以在电脑系统上查询、检索等。

（九）有足够的数量

物品编号所采用的文字、符号、字母、数字必须有足够的数量，以便所组成的物品编号足以代表所有已出现和未出现的物品，否则将来遇到特殊物品时无号可编，使电脑化的物品管理系统陷于瘫痪。

（十）易记忆

物品编号还应选择容易记忆、有规律的方法，有暗示和联想的作用，使人不必强制性地记忆。

四、物品编号的方法

（一）暗示法

暗示法是以字母或数字作为编号工具，进行物品编号的方法。字母、数字与物品能使人产生一定规律的联想，能使人看到编号联想到相应的物品（表3-3）。

表3-3 暗示法编号

编号	螺钉规格（毫米×毫米）
03008	3×8
04010	4×10
08015	8×15
15045	15×45
12035	12×35
20100	20×100

（二）字母法

字母法是以英文字母为编号工具，按各种方式进行编号的一种编码方法（表3-4）。

表3-4　字母法编号

采购金额	物料种类	物料颜色
A：高价材料 B：中价材料 C：低价材料	A：五金类 B：塑胶类 C：电子类 D：包材类 E：化工类	A：红色 B：橙色 C：黄色 D：绿色 E：青色 F：蓝色 G：紫色

（三）数字法

数字法是以阿拉伯数字为编号工具，按属性方式、流水方式或阶层方式等进行编号的一种方法（表3-5）。

表3-5　数字法编号

类别	分配号码
塑胶类	01~15
五金类	16~30
电子类	31~45
包材类	46~60
化工类	61~75
其他类	76~90

（四）混合法

混合法是指字母、数字、暗示三种方法同时使用的一种方法。例如，电风扇（塑胶底座款）(10)、高价（A）、ABS料（A）、黑色（B）、顺序号（003），其编号为"10-AAB-003"（图3-12）。

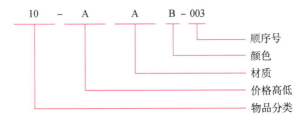

图3-12　电风扇编号

第五节 物品编号管理

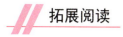

货架货位编号方法

在以拆件发零的仓库里，日常备货要存放在货架夹层或格眼内，为使货位编号适应不同的业务情况，可在以下三种货架货位编号方法中选择。

1. 以排为单位的货架货位编号

以排为单位的货架货位编号方法，就是将库房内所有的货架，以进入库门的方向自左至右进行编号，继而对每排货架的夹层或格眼，在排的范围内自上而下、自前至后按顺序编号。例如，5号库房设置16排货架，每排上下四层，共有16个格眼，如货架货位编号为5-8-7，指的是5号库房第8排货架第7号格眼。

2. 以品种为单位的货架货位编号

以品种为单位的货架货位编号方法，就是将库房内的库架，以货物的品种划分储存区域后，再以品种占用储存区域的大小，在分区编号的基础上进行格眼编号。

3. 以货物编号代替货架货位编号

以货物编号代替货架货位编号方法，对于进出频繁的零星散装货物有很大好处，可避免使用两套编号的麻烦。在编号时要注意货架格眼的大小、多少应与存放货物的数量、体积相适应。例如，某类货物从10101~10109编号，储存货格的一个格眼可放10个编号的货物，则在货架格眼的木档上制作10101~10110的编号，并以此类推。

第四章

物料收发工作流程与管理

物料收发是仓库管理中最重要的活动，它管理的好坏直接影响到整个仓库管理的效率。库管员应根据物料入库凭证，计划和组织好入库物料时所进行的卸货、查点、验收、办理入库手续等各项业务活动。同时，库管员也应将物料发放给需要的单位。

知识目标

- 明确物料接收的流程
- 掌握物料发放的原则、方式、准备工作、流程
- 了解物料退还的手续、流程

技能目标

- 能够做好物料接收前的准备
- 能够妥善处理物料发放中的问题
- 能够对物料退还进行正确管理

第一节　物料接收

知识导图

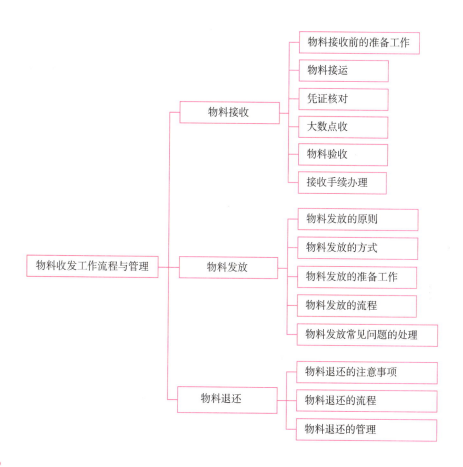

引导案例

××公司物品退还管理

1. 目的

对本公司料进行控制，确保退料补货能及时满足生产的需要。

2. 适用范围

适用于本公司规格不符的物品、超发的物品、不良的物品和呆料。

3. 职责

（1）货仓部：负责退料的清点与入库工作。

（2）品管部：负责退料的品质检验工作。

（3）生产部：负责物品退料与补料工作。

4. 工作程序

(1) 退料汇总：生产部门将不良物品分类汇总后，填写退料单，送至品管部 IQC（incoming quahty control，来料质量控制）组。

(2) 品管鉴定：品管检验后，将不良物品分为报废品、不良品与良品三类，并在退料单上注明数量。对于规格不符物品、超发物品及呆料退料，退料人在退料单上备注"不必经过品管部直接退到货仓"。

(3) 退料：生产部门将分好类的物品送至货仓，库管员根据退料单上所注明的分类数量，清点无误后，分别收入不同的仓位，并挂上相应的物料卡。

(4) 补料：因退料而补货者，需开补料单，退料后办理补货手续。

账目记录：库管员应及时将各种单据凭证入账。

表单的保存与分发：库管员将当天的单据分类归档或集中分送到相关部门。

5. 流程图

具体退料流程如图 4-1 所示。

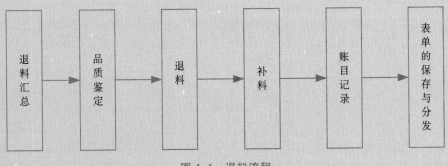

图 4-1　退料流程

6. 相关文件

(1) 不合格品的控制程序。

(2) 呆废料管理办法。

7. 相关表单

(1) 退料单。

(2) 补料单。

第一节　物　料　接　收

物料接收流程，按照工作顺序，大致可划分为以下几个。

第一节　物料接收

一、物料接收前的准备工作

库管员做好接收前的准备工作，可以保证物料准确、迅速、安全入库；可以防止由于突然到货而造成忙乱，以至于拖延。物料接收前的准备工作主要有以下几个方面的内容。

（一）编制物料接收计划

物料接收计划，是物料接收作业的重要组成部分。库管员为了有计划地安排仓位，筹集各种器材，配备作业的劳动力，必须编制物料接收计划，以使仓库的存储业务最大限度地做到有准备、有秩序地进行。

物料接收计划，是根据采购部门提供的物料采购进货计划来编制的。企业物料采购进货计划的主要内容包括各类物料的进库时间、品种、规格、数量等，这种计划通常也叫物料储存计划。

库管员根据采购部门提交的采购进度计划，结合仓库本身的储存能力、设备条件、劳动力情况和各种仓库业务操作过程所需要的时间，来确定物料接收计划。

采购部门的采购计划、进货安排会经常发生变化。为适应这种变化，库管员在编制接收计划时可采取"长计划、短安排"的办法，按月编制作业计划。

（二）入库前具体准备工作

除了编制物料接收计划外，库管员还有许多具体的准备工作要做。这些具体的准备工作是根据物料接收计划并通过与采购部门、物料运输部门的联系，在掌握接收物料的品种、数量、到货地点、到货日期等具体情况的基础上来确定的。入库前具体准备工作主要有以下几点。

（1）组织人力。按照物料到达的时间、地点、数量等，预先做好到货接运、装卸搬运、检验、堆码等人力的组织安排。

（2）准备物力。根据接收物料的种类、包装、数量等情况及接运方式，确定搬运、检验、计量等方法，配备好所用车辆、检验器材、度量衡器和装卸、搬运、堆码苫垫的工具，以及必要的防护用品用具等。

（3）安排仓位。按接收物料的品种、性能、数量、存放时间等，结合物料的堆码要求，维修、核算占用仓位的面积，以及进行必要的腾仓、清场、打扫、消毒、准备好验收的场地等。

（4）备足苫垫用品。根据接收物料的性能、储存要求、数量及保管场所的具体条件等，确定接收物料的堆码形式和苫盖、下垫形式，准备好苫垫物料，做到物料的堆放与苫垫工作在同一时间内一次性完成，以确保物料的安全和避免以后的重复工作。

二、物料接运

并不是所有的物料都会送货上门，特别是大宗物料往往会通过铁路、水路等运输。因此库管员不能坐等送货上门，而应到车站、码头接运物料。仓库物料接运人员，要熟悉交通运输部门及有关供货单位的制度和要求，根据不同的接运方式，处理接运中遇到的各种问题。

（一）专用线接运

专用线接运是铁路部门将转运的物料直接运送到仓库内部专用线的一种接运方式。仓库管理部门接到车站到货通知后，应确定卸车货位，力求缩短场内搬运距离，准备好卸车所需的人力和机具。车皮到达后，要引导对位。

1. 卸车前的检查

卸车前的检查工作十分重要。通过检查可以防止误卸和划清物料运输事故的责任。检查后，应及时与车站联系，并取得书面记录。卸车前检查的主要内容包括以下几个。

（1）核对车号。

（2）检查车门、车窗有无异状，货封是否脱落、破损或印纹不清、不符等。

（3）核对物料名称、箱件数与物料运单上填写的名称、箱件数是否相符。

（4）对盖有篷布的敞车，应检查覆盖状况是否严密、完好，尤其应察看有无雨水渗漏的痕迹和破损、散捆等情况。

2. 卸车

卸车中应注意如下要点。

（1）要按车号、品名、规格分别堆码，做到层次分明，便于清点，并标明车号及卸车日期。

（2）注意外包装的指示标志，要正确勾挂、铲兜、升起、轻放，防止包装和物料损坏。

（3）妥善处理苫盖，防止物料受潮和污损。

（4）对品名不符、包装破损、受潮或损坏的物料，应另外堆放，写明标志，并会同承运部门进行检查、编制记录。

（5）力求与库管员共同监卸，争取做到卸车和物料件数一次点清。

（6）卸后各货垛之间要留有通道，并与电杆、消防栓保持一定距离。要与专用线铁轨外侧保持 1.5 米以上的距离。

（7）正确使用装卸机具、工具和安全防护用具，确保人身和物料安全。

3. 清理

卸车后的清理主要有以下事项。

（1）检查车内物料是否卸净，关好车门、车窗，通知车站取车。

第一节　物料接收

（2）做好卸车记录，记录清楚卸车货位、物料规格、数量等，连同有关证件和资料尽快向仓库管理人员或验收人员交代清楚，办好内部交接手续。内部交接手续包括：调运机构或接运人员将卸车记录和货运记录交付保管人员，将进货物料件数交付库管员。

（二）车站、码头提货

库管员到车站提货，应向车站出示领货凭证。如果发货人还未寄到领货凭证，提货人也可凭单位证明或单位提货专用章在货票存查联上加盖，将货物提回。

到码头提货手续稍有不同，即提货人要事先在提货单上签名并加盖公章或附单位提货证明，到港口货运交回货物运单，即可到指定的库房提取货物。

提货时，提货人应根据运单和有关资料认真核对物料的名称、规格、数量、收货单位等，仔细进行外观检查，如包装是否铅封完好，有无水渍、油渍、受潮、污损、锈蚀、短件、破损等。如果有疑点，或者与运单记载不相符合，应当会同承运部门共同查清并开具书面证明；对短缺、损坏等情况，属于承运部门责任的，做出货运记录。

货到库后，接运人员应及时将运单连同提取回的物料向库管员当面点交清楚，然后由双方办理交接手续。

（三）自提货

库管员直接到供应商处提货，叫作自提。自提的特点是提货与验收同时进行。自提货的流程：库管员根据提货通知，要了解所提物料的性质、规格、数量，准备好提货所需的设备、工具和人员；当场进行物料验收，点清数量，查看外观质量，做好验收记录；提货回仓库后，交仓库管理人员复验。

（四）送料

送料是供应商将物料直接送达库管员处的一种供货方式。当货物到达后，库管员直接与送货人办理接收工作，当面验收并办理交接手续。如果有差错，立即做出记录，让送货人签章并向有关方面提出索赔或采取其他办法处理。

（五）差错处理

在接运过程中，有时会发生差错，如错发、混装、漏装、丢失、损坏、受潮和污损等。出现差错，有的是供应商造成的，有的是承运单位造成的，也有的是在接运短途运输装卸中造成的。这些差错，除了不可抗拒的自然灾害或物料本身性质引起的以外，所有差错的损失应向责任者提出索赔。差错事故记录有以下两种。

1. 货运记录

货运记录是表明承运单位负有责任事故，收货单位据此索赔的基本文件。物料在运输过程中发生以下差错，均应填写货运记录：物料名称、件数与运单记载不符，物料被盗、丢失或损坏，物料污损、受潮、生锈、霉变或其他货物差错等。

记录必须在收货人卸车或提货前，通过认真检查后发现问题，经承运单位复查确认后，由承运单位填写后交收货单位。

2. 普通记录

普通记录是承运部门开具的一般性证明文件，不具备索赔效力，仅作为收货单位向有关部门交涉处理的依据。一般在遇有下列情况并发生货损、货差时，填写普通记录。

（1）铁路专用线自装自卸的物料。

（2）棚车的铅封印纹不清、不符或没有按规定施封。

（3）施封的车门、车窗关闭不严，或者门窗有损坏。

（4）篷布苫盖不严实、漏雨，或出现其他异状。

（5）责任判明为供货单位的其他差错事故等。

以上情况的发生，责任一般在发货单位。库管员可持普通记录向发货单位交涉处理，必要时向发货单位提出索赔。

（六）接运记录

在完成物料接运工作的同时，每一步骤都应有详细的记录。接运记录（表4-1）应详细列出接运物料到达、接运、交接等各环节的情况。

表4-1 接运记录

序号	到达记录								接运记录					交接记录			
	通知到达时间	运输方式	发货站	发货人	运单号	车号	货物名物	件数	重量	日期	件数	重量	缺损情况	接货人	日期	通货通知单编号	附件	收货人

采用完整记录的目的如下。

（1）用以检查接运工作各环节的效率，防止遗漏和积压。

（2）作为接运工作的基础统计。

（3）分清责任，追踪有关资料，促进验收、索赔、交涉等工作的顺利进行。

（4）有利于清理在途物料。

接运工作全部完成后，所有的接运资料，如接运记录、运单、运输普通记录、货运记录、损耗报告单、交接证、索赔单和文件、提货通知单及其他有关资料等均应分类输入电脑系统以备复查。

三、凭证核对

物料运抵仓库后，库管员首先要检验物料入库凭证，然后按物料入库凭证所列的收货单位、货物名称、规格数量等具体内容，与物料各项标志核对。如发现送错，应拒收并退回；一时无法退回的，应进行清点并另行存放，然后做好记录，待联系后再处理。经复核复查无误后，即可进行下一道工序。图4-2为物料接收的单据流程。

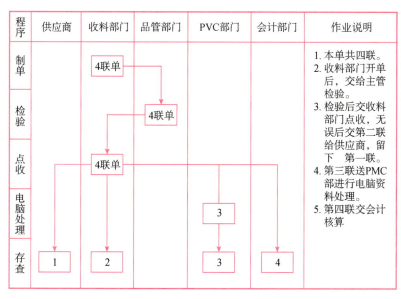

图4-2 物料接收单据流程

四、大数点收

大数点收，是指库管员按照物料的大件包装（运输包装）进行数量清点。大数点收的方法有两种：一是逐件点数计总，二是集中堆码点数。

逐件点数，如靠人工点记则费力、易错，可采用简易计算器、计数累计以得总数。花色品种单一、包装大小一致、数量大或体积较小的物料，适于用集中堆码点数法，即将入库的物料堆成固定的垛形（或置于固定容量的货架），排列整齐，每层、每行件数一致。一批物料进库完毕，每层货物（横列）顶层的件数往往是零头，与其下各层的数目不一样，这是要注意的，以免由于统一统计而产生差错。大数点收应注意以下事项。

（1）件数不符。在大数点收中，如发生件数与通知单所列不符，数量短少，经复点确认后，应立即在送货单各联上批注清楚，按实数签收，同时由库管员与承运人共同签章。经验收核对，由库管员将查明短少物料的品名、规格、数量通知承运单位和供应商。

（2）包装异状。接收物料时，如发现包装有异状时，库管员应会同送货人员开箱、拆包检查，查明确有残损或细数短少情况，由送货人员出具物料异状记录，或在送货单上注明。同时应另行堆放，勿与以前接收的同种物料混堆在一起，以待处理。

如果物料包装损坏十分严重，仓库不能修复，加上由此而无法保证储存安全时，应联系供应商派人员协助整理，然后接收。未正式办理入库手续的物料，仓库要另行堆存。

（3）物料串库。在点收本地入库物料时，如发现货与单不符，有部分物料错送来库的情况（俗称串库），库管员应将这部分与单不符的物料另行堆放，待应收的物料点收完毕后，交由送货人员带回，并在签收时如数减除。如在验收、堆码时才发现串库物料，库管员应及时通知送货员办理退货更正手续，对于不符的物料交送货人员或运输人员提走。

（4）物料异状损失（指货时发现物料异状和损失的问题）。设有铁路专用线的仓库，在接收物料时如发现短少、水渍、沾污、损坏等情况时，由物控人员直接向交通运输部门交涉。如遇车皮或船舱铅封损坏，经双方会同清查点验，确有异状、损失情况，应向交通运输部门按章索赔。如该批物料在托运之时，供应商另有附言，损失责任不属于交通运输部门者，亦应请其做普通记录，以明确责任，并作为必要时向供应商要求赔偿损失的凭证。

在大数点收的同时，对每件物料的包装和标志都要认真查看，检查包装是否完整、牢固，有无破损、受潮、水渍、油污等异状。物料包装的异状往往是物料受到损害的一种外在现象。如果发现异状包装，必须单独存放，并打开包装详细检查内部物料有无短缺、破损和变质。逐一查看包装标志，目的在于防止不同物料混入，避免差错，并根据标志指示操作确保入库储存安全。

五、物料验收

库管员在办完大数点收手续后，必须对接收的物料做全面、认真、细致的验收，包括开箱、拆包、检验物料的质量和细数。物料验收应注意以下问题。

（1）细数不符。在开箱、拆包核点物料细数时，如发现有多余情况，应在入库通知单上按实签收，并通知供应商，不能进行溢余处理。如发现数量减少，也应按实际数量签收，同时联系供应商，不能以其他规格的多余物料作抵充数，或以其他批次余额抵补。

（2）质量问题。开箱、拆包验收而发现物料有残损、变质情况，库管员应将残损物料另列，好坏分开。签收的单据则根据货主的规定办理，可同时在一份物料入库单上分完好物品、残损物料签收，也可另设残损物料入库单。残损物料签收后，也应及时通知供应商并分开堆存，保持原状（如玻璃制品的破损原件等），以便供应商检查和处理。

（3）查询处理。这是库管员将物料验收中的具体问题，用书面形式通知供应商要求查明情况进行处理的一种方式；一般分别按溢余、短少、残损、变质等情况用不同表式填写，由货主抄送发货方。

有时库管员只提供验收中存在问题的记录材料，由供应商填送表单。一般采用的表单有来货残损、变质物料查询处理表和收货清点溢余、短少表两种，其联数多少视业务需要而定。查询单（表 4-2）不可作为入库原始凭证用于登记物料账。

表 4-2 查询单

到货时间 年 月 日　　　　车单编号 字 号

验收日期 年 月 日　　　　材料单编号 字 号

供应商			合同号		运次			车号			凭证号			质量证明书		
运输方式			发站		运单号			到站			承付日期			发货件数		
目录编号	原始凭证记录				实收数	溢收		短缺		残损		质差		规格不符		备注
	器材名称及规格	单位	数量	总价		数量	金额	数量	金额	数量	金额	数量	金额	数量	金额	
收料部门验收及处理意见：																
发料部门复查及处理意见：																

收料单位：　　审核：　　经办人：　　发料单位：　　签复人：　年　月　日

六、接收手续办理

物料验收后，由库管员根据验收结果，在物料入库单上签收。同时将物料存放的库房（货场）、货位编号批注在入库单上，以便记账、查货和发货。经过复核签收的多联入库单，除库管员存一联备查、账务员留一联登记物料账外，其余各联退送供应商，作为存货的凭证。

（一）登账

登账，即建立物料明细料账。物料明细料账，即根据物料入库验收单和有关凭证建立的物料保管明细合账，并按照入库物料的类别、品名、规格、批次等，分别立账。它是反映在库储存物料进、出、存动态的账目。按照账目管理分工，企业的财务部门负责总账的管理，一般只分物料大类记账，并凭此进行财务核算。库管员负责物料明细账目的管理，凭此进行物料进、出业务活动。明细账除有物料的品名、规格、批次之外，还要标明物料存放的具体位置、物料单价和金额等。它是物料账目管理的总账，是企业对账的基础，应当准确无误。

（二）立卡

立卡，即填制物料的保管卡片，也称料卡。料卡是由负责该种物料控制的人员填制的，是进行仓库管理的"耳目"。料卡，是用以直接标明物料的品名、规格、单价、进出动态和结存数量的卡片。

物料保管卡的管理办法，一是由库管员集中保存管理。这种方法有利于责任制的贯彻，即由专人专责管理。但是如果有进、出业务而该库管员缺勤时就难以及时进行。二是将填制的料卡直接挂在物料垛位上，而且挂放位置要明显，挂得要牢固。这种方法的优点是便于随时与实物核对，有利于物料进、出业务及时进行，可以提高库管员作业活动的工作效率。物料保管卡如表4-3所示。

表4-3 物料保管卡　　　　　　No：

来源					年　月　日				名称		
到货通知单	到货日期				验收情况				型号		
	合同号								规格		
	车号	规格							单位		
	运单号	件数	单位	数量	单价	交货情况			技术条件		
	运输号								存放地点		
年	凭证号	摘要	收入			付出			结存			备料		情况	
月　日			件数	数量	金额	件数	数量	金额	件数	数量	金额	厂名	件数	数量	结存

（三）建档

建档，是将物料接收作业全过程的有关资料证件进行整理核对，建立资料档案，为物料的保管、发放活动创立良好的条件。

第二节　物　料　发　放

物料发放，是库管员根据生产计划及物料发放凭证，将所需物料发放给需用单位所进行的各项业务管理。物料发放的开始，标志着物料的仓库管理工作的结束。

物料发放有两个方面的工作：一是用料单位凭规定的领料凭证，如领料单、提货单、调拨单等，并且所领物料的品种、规格、型号、数量等项目及提取物料的方式等必须书写清楚、准确。二是仓库必须核查领料凭证的正误，按所列物料的品种、规格、型号、数量等项目组织备料，并保证把物料及时、准确、完好地发放出去。

一、物料发放的原则

（一）遵守程序

物料发放必须按规定程序进行，领料提货单据必须符合要求。对于持非正式凭证或白条来领料的，一律不得发放物料。

（二）先进先出

物料发放必须在保证物料使用价值不变的前提下，坚持先进先出的原则，同时要做到保管条件差的先出，包装简易的先出，容易变质的先出，有保管期限的先出，可回收复用的先出。

（三）准备充分

为使物料得到合理使用，及时投产，必须快速、准确发放。为此，库管员必须做好一起发放的各项准备工作，如"化整为零"、备好包装、复印资料、组织搬运人力、准备好设备工具等。

（四）及时记账

物料发出后，应随即在物料保管账上核销，并保存好发料凭证，同时调整物料卡吊牌。

（五）保证安全

物料发放时，要注意安全操作，防止损坏包装和震坏、压坏、摔坏物料。同时，还要保证运输安全，做到物料包装完整，捆扎牢固，标志正确、清楚，性能不互相抵触，避免发生运输差错和损坏物料的事故。同时也要保障物料质量安全。库管员必须经常注意物料的安全保管期限等，对已变质、已过期失效、已失去原使用价值的物料不允许分发出库。

二、物料发放的方式

物料发放的方式一般有托运、自提、送料、移仓、过户等。

（一）托运

托运，是由库管员将物料通过运输单位托运，发到物料需用单位的一种发放方式。

库管员备完货后，到运输单位办理货运手续，通过承运部门（铁路、水运、汽运、航空、邮局等）将物料运送到物料需用部门所在地，然后由其去提取。在办理托运前，库管员应根据需用单位的要求，进行物料的分割（如金属材料等）、配套、包装等工作，并做好发运日记（表4-4）。

表4-4　发运日记

待运						托运		发货				
日期	运输方式	到站	名称	件数	重量	收货人	日期	经办人	日期	件数	运单号	经办人	备注

在中转仓库中，包装工作非常重要，库管员应设专职包装人员办理发放物料的包装，包装工作应符合以下三个条件。

（1）根据物料的特点和运输部门的规定，选择包装材料，确定包装的大小和形状。包装应牢固，便于装卸。

（2）充分注意物料在运输中的安全。根据物料特点，将物料装好装紧，使内衬稳妥。怕潮物料应垫防潮纸，容易破碎的物料应垫软质衬垫物；在包装外部要有明显的标志，表明对装卸的要求。特别是危险品，须按照危险品的要求进行包装，并加上危险品的标志。

（3）绝对禁止性能不同、互有影响的物料混合包装，危险品必须单独包装。

托运物料在付运期间，仓库管理工作仍未结束。待运期间应做好复核工作。待运物料可按公路、水路、铁路等不同的运输方式与路线，以及不同的收货地点，进行运单集中并进行复核，然后填制货物运单，通知运输部门提货发运。

第二节　物料发放

（二）自提

自提是指由库管员按需用部门所填制的领料凭证，用自备的运输工具到仓库提取物料。库管员根据领料凭证转开物料发放单，并按该证、单配货，经复核人员逐项核对后，将物料当面点交给提货人员，在库内办理交接手续。自提方式是物料发放的重要方式之一。

（三）送料

送料是指库管员直接把物料送到需用部门手中的一种物料发放方式。

库管员在送料时必须以定额为依据，完善交接手续，分清责任。

送料的组织可采取专人定路线的方式。采用这种方式，可以用集装箱的办法巡回送料，也可采取由库管员每日定时送料的办法。库管员直接送料可以减少交接手续，直接由用料单位签收即可。

在送料过程中及在向用料单位交接物料时，如果发现物料包装损坏、物料受损或物料数量短少等现象，应由库管员追查处理。

库管员必须了解运送物料的性质、体积、重量，需要的紧迫性等，以便选择运送工具，组织装卸力量，安排装车的先后顺序，尽量节约运力。装车后，库管员应检查捆绑、加固、苫盖等是否稳妥；卸车后，必须收回苫盖和加固材料。

（四）移仓

移仓是指某些物料由于业务上的需要或保管条件的要求，必须从甲仓库转移到乙仓库储存的一种特殊的物料发放方式。物料出仓是根据库管员填制的物料移仓单进行发放的。

（五）过户

过户是指仓库物料不动，而通过转账变动其所有者户头的一种特殊的物料发放方式。物料过户时，其所有权已经由于调拨或销售而转换给另一单位，但仍应由库管员填制正式发货凭证，仓库据此进行过户转账。

三、物料发放的准备工作

物料发放前的准备工作分为两个方面：一方面是计划工作，就是根据需用单位提出的发放计划或要求，事先做好物料发放的安排，包括仓库货位、机械搬运设备、工具和作业人员等的计划、组织；另一方面要做好发放物料的包装和涂写标志工作。

如果需用单位在外地，那么发放的物料，包装要符合运输部门的规定和适合物料的特点、大小，形状适宜、牢固，便于搬运装卸。

物料大多数是原件分发的，由于经过多次中转装卸、堆码及翻仓倒垛或拆件验收，部分物料包装已不能再适应运输的要求，因此库管员必须根据情况事先进行整理加固或改换包装。

对于经常需要拆件发零的物料，应事先备好一定的数量和不同品种的物料，物料发放后，要及时补充，避免临时再拆整取零，延缓付货。拼箱物料一般事先要做好挑选、分类、整理、配套等准备工作。有的物料可根据要求事先进行分装。

有装箱、拼箱、改装等业务的仓库，在发放前应根据物料的性质和运输部门的要求，准备各种包装材料及相应的衬垫物，以及刷写包装标志的用具、标签、颜料及钉箱、扩仓的工具用品，等等。

物料发放从办理托运到出库的付运过程中，需要安排一定的仓容或站台等理货场所，需要调配必要的装卸机具。提前集中付运的物料，应按物料运输流向分堆，以便于运输人员提货发料，及时装载物料，加快发料速度。

由于物料发放工作比较细致、复杂，工作量也大，因此库管员必须事先合理组织物料发放工作，安排好作业人力，保证各个环节的紧密衔接。

四、物料发放的流程

（一）核对物料发放凭证

物料发放凭证，无论是领（发）料单还是调拨单，均应由主管分配的业务部门签章。物料发放凭证应包括以下内容：收货单位名称（用料单位名称）、发料方式、物料名称、规格、数量、单价、总价、用途或调拨原因、调拨单编号、有关部门和人员签章、付款方式及银行账号。

库管员接到发放凭证后，由库管员审核证件上的印鉴是否齐全相符，有无涂改。审核无误后，按照发放单证上所列的物料品名规格、数量与仓库料账再做全面核对。无误后，在料账上填写预拨数后，将发放凭证移交给库管员。库管员复核料卡无误后，方可做物料发放的准备工作，包括准备随货发放的物料技术证件、合格证、使用说明书、质量检验证书等。

凡在证件核对中，有物料名称、规格型号不对的，印鉴不齐全、数量有涂改、手续不符合要求的，均不能发料出库。

（二）备料出库

库管员按照发放凭证上的品名、规格查对实物保管卡，注意规格、批次和数量。规定有发货批次的，按规定的批次发货；未规定批次的，按先进先出、推陈储新等原则，确定应发放的垛位。

备料有两种方式：一种是在原货位上备料，无须"上线"集中，这种方式多用于大宗物料出库；另一种备料方式是备料发放上线就位，即将发放物料按出库凭证上所列的品名、规格、数量，经过搬卸运输作业，送到指定的发放场所集中。这种方法，一般用于小批量或不是整车发运数量而需集中配装的发放物料。

凡发放物料均应有技术证件，同批到达而只有一种技术资料的，应以抄写或复印件随货同行，原则仍由库管员保存。

（三）全面复核查对

物料准备好后，为了避免和防止备料过程中可能出现的差错，库管员应再做一次全面的复核查对，即要按照发放凭证上所列的内容进行逐项复核：①物料品名、规格是否相符；②物料数量是否准确无误；③发放物料应附的技术证件和各种凭证是否齐全；④包装质量如何，是否牢固、安全，是否适于运输要求等。

核查的具体内容：①能否承受装载物的重量，能否保证在物料运输装卸中不致破损，保障物料的完整；②是否便于装卸搬运作业；③怕震怕潮等物料的衬垫是否稳妥，密封是否严密；④收货人、到站、箱号、危险品或防震防潮等标志是否正确、明显；⑤每件包装是否有装箱单（表4-5），装箱单上所列各项目是否和实物、凭证等相符合。

表4-5　装箱单

毛重：　　　　　　　　　　　　净重：　　　　　　　　　　　　箱号：

发货凭证号	品名规格	单位	数量	备注

装箱日期：　年　月　日

物料发放的复核查对形式应视具体情况而定，既可以由库管员自行复核，也可以由库管员相互复核，还可以设专职的库管员进行复核或由其他人员复核等。

如经反复核对确实不符时，应立即调换，并将原错备物料上刷的标记除掉，退回原库房；复核结余物料数量或重量是否与保管账目、物料保管卡片结余数相符，若发现不符应立即查明原因。

（四）清点并交接

需要发放的物料，经过全面复核查对无误之后，即可办理清点交接手续。

如果是需用部门自提，可将物料和单证向提料人员当面点清，办理交接手续。

如果是代运方式，则应办理内部交接手续，即由库管员向运输人员或包装部门的人员清点交接，由接收人签章，以划清责任。

运输人员根据物料的性质、重量、包装、收货人地址和其他情况选择运输方式后，应将箱件清点，做好标记，整理好发货凭证、装箱单等运输资料，向承运单位办理委托代运手续。对于超高、超长、超宽和超重的物料，必须在委托前说明，以便承运部门计划安排。

承运单位同意承运后，运输人员应及时组织力量，将物料从仓库安全无误地点交给承运单位，并办理结算手续。运输人员应向承运部门提供发货凭证样本、装箱单，以便和运单一起交需用单位。运单总体应由运输人员交财务部门作为物料结算资料。

如果是专用线装车，运输人员应于装车后检查装车质量，并向车站监装人员办理交接手续，将物料点交清楚，发运之后，该物料的保管业务即告结束，库管员应做好清理工作，及时注销账目、料卡，调整货位上的吊牌，以保持物料的账、卡、物一致，及时准确地反映物品的进出、存取的动态。

五、物料发放常见问题的处理

（一）无单领料

无单领料是指没有正式领料凭证而要求领料，如以"白条"和打电话领料。遇到这种情况，库管员不能发料。

（二）凭证问题

发料前验单时，若发现领料凭证有问题，如抬头、印鉴不符，有涂改痕迹，超过了领料有效期，应立即与需用部门联系，并向库管员反映。备料后复核时发现凭证有问题，库管员应立即停止发料作业。总之，只要手续不符，库管员就有权拒绝发料。

（三）单料不符

发料之前验单时，若发现提料凭证所列物料与仓库储存的物料不符，一般应将凭证退回开单单位，经更正确认后，再行发料。遇上特殊情况，如某种物料马上要断料，需用部门要求先行发货，然后更改提料凭证时，经库管员批准后，可以发料，但应将联系情况详细记录，并在事后及时请领料人补办更正手续。若备料后复核时发现所备物料与提单凭证所列不符，应立即调换。

（四）包装损坏

对物料外包装有破损、脱钉、松绳的，应整修加固，以保证运输途中物料安全。若发现包装内的物料有霉烂、变质等质量问题或数量短缺，不得以次充好，以溢余补短缺

第三节 物料退还

（五）料未发完

物料发放，原则上是按提料单当天一次发完，如确有困难，不能当日提取完毕，应办理分批提取手续。

（六）料已错发

如果发现料已错发，发料人应首先将情况通知需用部门，同时报告库管员。其次，发料人应了解物料已运到什么地方，能及时追回的应及时追回；无法追回的，应在需用部门的帮助下采取措施，尽量挽回损失，然后查明原因以防再犯。

第三节 物料退还

物料退还是指需用单位对于领用的物料，在使用时遇到物料质量异常，用料变更或有余时，而将已办理发放手续的物料退回给仓库的业务活动。

库管员在办理物料退还时应使用退料单，可将物料退还手续视为物料接收手续，即应视为发料的冲减。在登账时，应在"发出"栏内用红字填写，从而增加库存数量和金额。同样，仓库统计表中，也应作为减少发出量计算。注意，在任何情况下，都不得重新验收入账，否则会造成假象。

一、物料退还的注意事项

库管员在开展物料退还时应注意以下问题。

（1）保持完整。退回的物料应尽量保持完整无损，主机及附件、工具、技术资料、包装等齐全。

（2）认真检查。仓库在接收退货时，应认真检查，经过维护保管后，再存入仓库。凡残损的，应收入指定的第一料库，价款由原单位负责；无使用价值的，作为废品处理。

二、物料退还的流程

物料退还的流程如图4-3所示。

三、物料退还的管理

以下为某公司物料退还管理程序，以供参考。

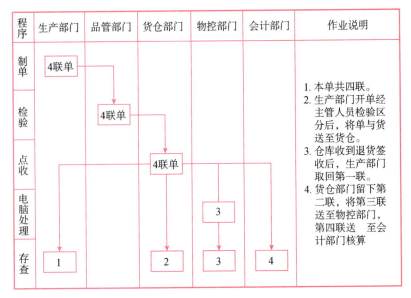

图 4-3 物料退还的流程

第一条　目的

对本公司退料进行控制，确保退料补货能及时满足生产的需要。

第二条　适用范围

适用于本公司规格不符的物料、超发的物料、不良的物料和呆料。

第三条　职责

(1) 货仓部：负责退料的清点与入库工作。

(2) 品管部：负责退料的品质检验工作。

(3) 生产部：负责物料退料与补料工作。

第四条　工作程序

(1) 退料汇总：生产部门将不良物料分类汇总后，填写退料单，送至品管部IQC组。

(2) 品管鉴定：品管检验后，将不良品分为报废品、不良品与良品三类，并在退料单上注明数量。对于规格不符物料、超发物料及呆料退料时，退料人员在退料单上备注"不必经过主管部直接退到货仓"。

(3) 退料：生产部门将分好类的物料送至货仓，货仓管理人员根据退料单上所注明的分类数量，经清点无误后，分别收入不同的仓位，并挂上相应的物料卡（有关作业参考《不合格品控制程序》《呆废料管理办法》）。

(4) 补料：因退料而需补货者，需开补料单，退料后办理补货手续。

(5) 账目记录：货仓管理员及时将各种单据凭证入账。

(6) 表单的保存与分发：货仓管理员将当天的单据分类归档或集中分送到相关部门。

第五条　流程图

物流退还流程如图4-4所示。

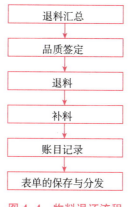

图4-4 物料退还流程

第六条 相关文件

（1）不合格品的控制程序。

（2）呆废料管理办法。

第七条 相关表单

（1）退料单。

（2）补料单

先进先出常用方法

1. 标签管理法

标签管理法是指进料时，库管员在每个容器外面贴上写有进料日期的标签，出库时按照进料日期判定出库顺序的先后即可。标签管理法适用于库存时间比较短的物品。

2. 颜色管理法

颜色管理法是指对不同时期入库的物品用不同的颜色进行标示，通过色彩上的明显差异来区分物品。颜色管理法适用于管理储存期限比较长的物品。

3. 电脑条码管理法

电脑条码管理法就是利用电脑及条码自动识别系统对每个物品建立详细的档案。出库时，可以根据电脑检索，找到应出库的物品。目前，很多专业化的物流仓库，或实施了ERP（enterprise resource planning，企业资源计划）或MRP（material requirement planning，物资需求计划）系统管理的企业均使用该管理方法。

4. 重量供应法

重量供应法就是将物品置于散装大仓中，从上部进仓，从下部出仓。此种方法适用于散装物品，如散装水泥、大米、塑胶原料等。

第五章

库存物料的盘存和保管

在接收物料之后,需要将其存放在适当的位置,并进行合理的保管、养护,从而确保物料质量完好及数量无误。在仓库管理中,库存物料的盘存和保管具有十分重要的作用。

知识目标

- 了解物料储存的要求和注意事项
- 了解物料盘点的准备工作、盘点作业的实施和盘点结果的统计

技能目标

- 掌握物料保管、养护的方法
- 掌握盘点异常处理和盘点方法
- 掌握物料保管技术和保管时应注意的事项

第一节 物料储存作业

知识导图

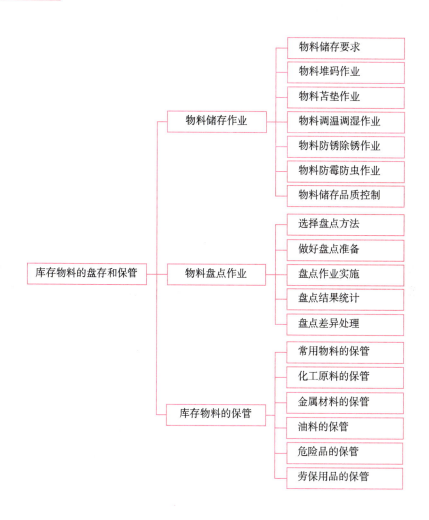

引导案例

赛璐珞受潮爆炸案

1985年5月，南京有一家乐器厂停产，在乐器制作中所需的一些材料，如赛璐珞、酒精、松节油等，过去有专门库房储存，但现在厂房要另作他用，剩余的50千克赛璐珞、15千克酒精及少量松节油等无处存放。于是乐器厂的管理人员求助于同一行业企业。该企业有间堆放杂物的仓库。这间仓库内没有电灯，钢制的门一关，外面的火源、热源也就隔绝了。由于在地下，仓库的气温也不高。他们认为，这些易燃物料堆放在里面是最安全的。

1985年9月7日傍晚，该地下室仓库发生猛烈爆炸，引起一场大火。扑救火灾用了4个多小时，爆炸产生的有毒气体使22人中毒。

第五章　库存物料的盘存和保管

第一节　物料储存作业

一、物料储存要求

各种原材料、在制品、成品均应储存在适宜的场地和库房，储存场所条件应与产品要求相适应，如必要的通风、防潮、温控、清洁、采光等条件，应规定入库验收、保管和发放的仓库管理制度或标准，定期检查库存品的状况，以防止产品在使用或交付前受到损坏或变质。储存控制应做到以下几点。

（一）保持储存区域的整洁

对温度、湿度和其他条件敏感的物料，应有明显的识别标记，并单独存放，提供必要的安全环境。

（二）使用适当的储存方法

储存中可能会变质和腐蚀的物料，应按一定的防腐蚀和变质的方法进行清洗、防护、特殊包装和存放。

（三）对储存品进行监控

（1）定期检验、对在库产品实行先入先出的原则、定期熏蒸消毒，做好库存品的检验记录。

（2）物料入库应验收合格，并注明接收日期，做出适当标记。对有储存期要求的物料，应有适用的储存品周转制度。物料堆放要有利于存取，并防止误用。

（3）定期检查库存品状况，限制非仓库人员进入，物料出库手续应齐全，加强仓库管理。

（4）储存物料应有一套清楚完整的账物卡管理制度。

二、物料堆码作业

物料堆码是根据物料的包装、外形、保管要求，结合仓库设备条件、储存时间长短，将物料按一定规律堆成各种形状的货垛的方法。

物料的堆码方式直接影响着物料的保管。合理的堆码，能使物料不变形、不变质，保证物料质量的完好及储存安全,同时还能提高仓容的利用率,便于物料的保管、保养和收发。对物料进行堆码的步骤如图 5-1 所示。

图 5-1 对物料进行堆码的步骤

(一)整理物料

在对物料进行堆码前,应先对物料进行整理,确保物料达到以下要求。

(1)物料的数量、质量已彻底查清。

(2)物料包装完好,标志清楚。

(3)外表的污渍、尘土、雨雪等已清除,不影响物料质量。

(4)对受潮、锈蚀以及已发生某些质变或质量不合格的部分,已经加工恢复或者已剔除另行处理,与合格品不相混杂。

(5)为便于机械化操作,金属材料等该打捆的已经打捆,机电产品和仪器仪表等可集中装箱的已装入适用的包装箱。

(二)清理堆码场地

为了保证物料的安全,便于物料的保存及保养,库管员需要对堆码场地进行清理,确保堆码场地满足以下要求。

(1)库内堆码时,货垛应在墙基线和柱基线以外,垛底需垫高。

(2)货棚内堆码时,需防止雨雪渗漏,棚内两侧或四周必须有排水沟或管道,棚内地坪应高于棚外地面,最好铺垫沙石并夯实。堆垛时要垫垛,一般垫高 20~40 厘米。

(3)露天堆垛时,堆垛场地应坚实、平坦、干燥,无积水及杂草,场地必须高于四周地面,货垛底部还应垫高 40 厘米,以便于四周排水的畅通。

(三)确定堆码方法

1. 确定堆垛形状

物料堆码有各种形式,采用何种垛形,应根据货物包装、重量、设备条件等情况灵活确定。常见的货物垛形如表 5-1 所示。

第五章 库存物料的盘存和保管

表 5-1 常见的货物垛形

垛形	摆放方式	特点	适用物料
纵横交错式	将长短一致，宽度排列能与长度相等的物料，一层横放，一层竖放，纵横交错堆码，形成方形垛	垛形稳固，是仓库码垛的主要垛形之一	适合长短一致的长条形货物，如小型方钢、钢锭、长短一致的管材、棒材、狭长的箱装材料等
通风式	摆放方法基本上与压缩法相同，但在每件物料的前后左右留出一定的空隙。常见的垛形有"井"字形、"非"字形、"示"字形等	物料间留有通风的空隙，容易散发物料的温度和水分，便于物料通风散潮	适用于易霉变、需通风散潮的货物，如木制品等
重叠式	货垛各层物料的排列方法和数量一致	空间利用率高，配备托盘可采用机械化操作，是仓库中最常用的物料堆码的垛形	体积较大、包装质地坚硬的物料，如中厚钢板、集装箱及其他箱装货物
衬垫式	在每层或每隔两层物料之间夹进衬垫物的方式，使货垛的横断面平整，货垛牢固	通过衬垫物与物料互相牵制，加强了货垛的稳固性	适合无包装、不规则且较重的物料，如电动机等
栽柱式	在货垛的两旁各栽两三根木柱或钢棒，然后将中空钢、钢管等长大五金材料平铺在柱子中，在货物两侧相对立的柱子中用铅绳拉紧，以防倒塌	便于柱形物料堆码，防止货垛倒塌，多用于货场	适用于货场堆放长大五金物料、金属材料中的长条形材料，如圆钢、中空钢、钢管等
仰伏相间式	仰伏互相交错堆码，并保持一头高一头低，以便于雨水排放	货垛牢固，减少雨水腐蚀	适合钢轨、槽钢、角钢等货物在露天货场堆码
串联式	把一层物料的一半压在另一圈物料上，如此顺序排列，上一层的物料又向相反的方向用同样方法顺序排列，依次堆高	既可以使货稳固，又能够节约仓容	适用于圆形成圈（或环形）的物料，如铅丝、盘条、电线等
压缝式	每层物料有规则地排列组成，使每件物料跨压下层两件以上的物料，上下层每件物料呈十字交叉形成	层层压缝，货垛稳固，不易倒塌；储存大宗物料时便于分批出库，逐一腾出小垛占用的仓容	长方形包装的物料，适合阀门、缸、建筑卫生陶瓷和桶装货物堆码

2. 使用"五五化"法

为了计算方便，对物料进行堆垛时，通常采用"五五化"法，即以 5 为基本计算单位，码成各种总数为五的倍数的货垛：大的物料"五五成行"，矮的"五五成堆"，带眼或孔的"五五成串"。

采用这样的堆码方式，库管员在检查库存时，可以过目成数，清点方便，不易出差错，从而提高收货与发货的速度，提高库管员的工作效率。

☞ 小贴士

"五五化"法适用于按件计算物品，在进行物品堆码时应该根据物品的物理特点及仓库条件，将各种不同的货物采用不同的"五五化"垛形。注意，不要为了追求形式上的"五五化"，而多占货位或多费劳动力。

（四）进行堆码作业

确定好堆垛方法后，库管员应该通知装卸人员开始对物料进行堆码。此时应该注意以下几个问题。

1. 货垛面积

每个货垛的面积不应大于 150 平方米，并保证库房内应留出 2 米宽的主通道。

2. 货垛高度

货垛上部与楼板、平屋顶之间，应留出不少于 0.3 米的顶距（人字屋架从横梁算起），货垛与照明灯之间应留出不少于 0.5 米的灯距。

3. 货垛间距

货垛与内、外墙之间应分别留出不少于 0.3 米和 0.5 米的墙距；货垛与柱之间应留出不少于 0.1 米的柱距；货垛与货垛之间应留出 0.1 米的垛距。

4. 注意保护物料

进行堆垛操作时，操作人员要注意保护物料，避免因搬运不当造成对物料的损坏。

（五）检查堆码效果

库管员应对堆码后的物料进行检查，确保堆垛达到以下几个要求。

1. 合理

垛形必须适合物料性质特点，便于货物保管保养，并有利于货物的先进先出。

2. 牢固

货垛必须不偏不斜，不压坏底层货物和地坪。

3. 定量

堆码货物不得超出有效面积范围，其重量不得超过地坪最大承压能力，高度不得超出可用高度。货垛的每层数量也应定量，如实行码成各种总数为 5 的倍数的货垛的"五五化"堆码，便于记数和发货。

4. 整齐

堆码货物的包装标志必须一致向外。货物沿走道、支道画线堆码，排列整齐有序、清洁、美观。

5. 节省

物料的堆码要尽量节省货位，提高库容利用率，减少作业环节，提高作业效率。

三、物料苫垫作业

苫垫是保管与保养物料的必要措施，它可以减轻物料受雨、露、潮气的侵蚀和受日光曝晒的损害。

（一）垫垛

垫垛是物料在堆垛前，按垛形的大小和负重，先行垫放垫垛物，从而达到使垛底通风，并避免地面潮气自垛底侵入的目的。垫垛材料一般采用专门制作的水泥墩、石墩、枕木、木板、垫芦席、油毛毡或塑料薄膜等隔潮材料。

1. 选择垫垛方法及材料

在进行垫垛时，应该充分考虑地面的潮湿程度及物料抗潮湿的能力。对潮湿度高的地面及怕潮的物料，应该保持较高的垫垛高度，必要时还可以在物料下方加铺一层防潮纸；而对于地面较干燥的仓库及不怕潮的物料，则可以选择较低的垫垛高度；对于有些箱装、成包、成件物料，箱上或包上已有垫木的，也可不再垫垛。

常见的垫垛位置及其垫垛方法如表5-2所示，库管员在进行垫垛时可以参考。

表5-2 仓库常见垫垛方法

垫垛位置	垫垛材料	垫垛高度
露天货场	水泥墩、石墩或固定式垛基	30~50厘米
货棚或底层库房	水泥条、枕木	20~30厘米
库房	水泥条、枕木、仓板或托盘	20厘米左右

2. 进行垫垛作业

为了使垫垛能真正地发挥作用，在进行垫垛作业时，库管员要注意以下问题。

（1）地面一定要平整夯实，防止承载负荷后下沉、倾斜、倒塌，造成货物变形和损坏。

（2）垫底时，要注意垫底材料的排列方向，如枕木的空隙要对准走道或门窗，以利通风散潮。

（3）垫基要摆平放正，以保证物料摆放的平整。

（4）垫基要保持一定的高度，以保证雨水不浸入，物料不受湿，通风良好。

（5）垫基间距适当，直接接触货物的衬垫面积与货垛底面积相同，货物不超出货垛外。

（6）要做好垛基周围排水沟道的疏通工作，以防止积水浸泡物料。

（二）苫盖

露天货场存放的物料，除了垫垛外，还应该选择适宜的苫盖物对其进行苫盖，以防止物料直接受雨、露、雪、风沙及阳光的侵蚀。

1. 选择苫盖材料

苫盖的材料一般有铁皮、席子、油毡纸、塑料布、苫布等。其中，铁皮、席子、油毡纸、塑料布的成本较低，可以大量使用；而苫布的价格较高，适于临时使用。

> ☞ **小贴士**
>
> 库管员在选择苫盖材料时应该注意其是否无害、低廉且耐用。如易燃、易爆货物仓库，不得使用芦苇席、油毡纸等易燃料；而苫盖时间较长的垛，可用两层席子中间夹一层油毡纸的方法，以节省材料费用。

2. 确定苫盖方法

库管员要根据物料的性质及自然条件，选择适当的苫盖方法。常见的苫盖方法如表5-3所示。

表5-3 常见的苫盖方法

苫盖方法	操作说明	特点
隔离苫盖法	将苫盖物覆盖在预先制作好的三脚架上，或用席片、竹片使苫盖物与货物保持一定空隙	主要用于防雨、防日光，但防湿、防风沙性差
鱼鳞式苫盖法	将苫盖物自货垛底部逐层向上围盖，外形呈鱼鳞状	操作复杂，但能够起到全面防护作用
活动棚苫盖法	利用废次钢材或木料制成棚架，在棚架上面及四周铺围玻璃瓦或铁皮等物，并在棚柱底部装上轮子，使货棚可沿固定轨道移动	主要用于防雨，但防湿、防风沙性差
就垛苫盖法	将苫盖物直接覆盖在货垛上	能够起到全面的防护作用

3. 进行苫盖作业

在进行苫盖作业时，库管员需要注意以下问题。

（1）要做到苫盖严密，物料不外露，苫盖底部与垫垛平齐，不腾空或拖地。

（2）苫盖要牢固，可以通过绑扎或镇压，达到刮风不开、下雨不漏的效果。

（3）苫盖接口要紧密，互相叠盖，无缝隙。

（4）保证苫盖物有坡度，使雨水能够顺利地流下，不要出现平台垛及凹心垛。

（5）苫盖要注意季节性，夏季注意防水，冬季注意防风雪。

四、物料调温调湿作业

温度和湿度是影响物料质量变化的主要因素。物料在储存期间，都要求有一个适宜的温度和湿度，以确保物料的性质。部分物料安全的温度和湿度如表5-4所示。

第五章　库存物料的盘存和保管

表5-4　部分物料安全温度与安全相对湿度参考表

商品名称	安全温度（℃）	安全相对湿度（%）	商品名称	安全温度（℃）	安全相对湿度（%）
麻织品	25	55~65	火柴	<30	<75
丝织品	20	55~65	肥皂	-5~30	<75
毛织品	20	55~65	洗衣粉	<35	<70
皮革制品	5~15	60~75	牙膏	-5~30	<80
布制品	30	50~75	人造革	-10~20	<75
橡胶制品	<25	<80	干电池	-5~25	<80
金属制品	<35	<75	打字蜡纸	-10~25	<75
竹木制品	<30	60~75	纸制品	<35	<75
塑料薄膜	-5~25	<80	卷烟	<25	55~70
玻璃制品	35	<80	食糖	<30	<70

因此，做好仓库的调温调湿，是库管员的一项重要工作。调温调湿常用的方法有以下几种。

（一）通风降温

通风降温是根据空气自然流动的规律，有计划地使仓库内外空气互相流通交换，以达到调节库内空气温度、湿度的目的。

在采用通风降温时，必须符合以下两个条件：①库外空气的温度和绝对湿度低于库内空气的温度和绝对湿度；②库外气温高于库内气温，库外绝对湿度低于库内绝对湿度，并且库内露点温度低于库内气温，库外露点温度低于库内露点温度。

> **小贴士**
>
> 注意通风时的气象条件，如在天晴风力不超过5级时效果较好；通风的季节性，如秋冬季节较为理想；通风的时间性，虽然说夏季不宜通风降温，但有时会遇到有利的通风天气，可采取通风数小时的办法降温等。

（二）密封

密封是保持库存物料所需的温度和湿度条件的一种技术措施，它分为封库和封垛。一般情况下，对于物料出入不太频繁的库房可整库封闭；对于物料出入较为频繁的库房不能封库，可以采取封垛的措施。封库、封垛的方法如下。

（1）关闭库房所有的门、窗和通风孔，并将缝隙用胶条、纸等涂以树脂封堵。

（2）用5厘米宽、2.5厘米厚的泡沫塑料条，刷上树脂后粘贴于门框四周，再在门的四边刻上槽，将胶管刷胶水按入槽内，使门关好后胶管正好压在泡沫塑料中间。

（3）库房大门上开一个人行小门，以减少潮湿空气侵入库内。

（4）利用塑料薄膜将货垛或货架全部遮盖包围直至地面，以隔绝或减少湿气和物料的接触等。

（三）吸潮

在雨季或阴雨天，当库内湿度过高不适宜物料保管，而库外湿度也过大不宜进行通风散潮时，可以在密封库内用吸潮的办法降低库内湿度。

1. 吸湿剂

利用吸湿剂是一种除湿的辅助办法，即利用吸湿剂吸收空气中水汽达到除湿的效果。常用的吸湿剂有生石灰、氯化钙、硅酸、木炭、炉灰等。

2. 吸湿机

仓库普遍使用机械吸潮方法，即通过抽风机把库内的潮湿空气吸入吸湿机冷却器内，使它凝结为水而排出。

吸湿机一般适用于储存棉布、针/棉织品、贵重百货、医药、仪器、电工器材和烟糖类物品的仓库吸湿。

五、物料防锈除锈作业

防锈除锈作业是物料储存中较为重要的一项内容。

金属物料最容易被锈蚀。金属锈蚀的原因很多，如大气锈蚀、土壤锈蚀、海水锈蚀、接触锈蚀等，而产生这些锈蚀的根本原因是化学锈蚀和电化学锈蚀，而且电化学锈蚀最为普遍。金属材料和金属制品的保养方法分为两大类：一类是防锈，另一类是除锈。

（一）金属防锈

仓储作业中应以预防为主，加强物料的储存保养。金属材料和金属制品的防锈方法很多，有些在生产过程就应予以考虑。在仓储作业中所能采用的防锈办法如下。

（1）防止金属表面形成水膜，特别要防止形成有电解液性质的水膜。

（2）按不同物料的物理化学性质，选择适合其保管条件的储存场所，加强通风降温。

（3）采取行之有效的防锈措施，如垛位的上遮下垫、封垛、除湿、降温等。

（4）根据不同金属制品的不同要求，选择适合金属材料和金属制品使用条件的防锈油，如硬膜防锈油、软膜防锈油等。

（二）金属除锈

金属除锈有人工除锈、机械除锈和化学除锈三种方法。

1. 人工除锈

人工除锈是指借助简单的工具，如麻布、棕刷、砂纸、木屑、刻刀等，进行手工除锈。

2. 机械除锈

机械除锈是指利用机械摩擦的方法来清除金属表面上的锈蚀，常见的有抛光除锈、钢（铜）丝轮除锈及喷砂除锈等。

3. 化学除锈

化学除锈是指采取化学方法作用于被锈蚀的金属材料或其制品上，达到除锈的目的。化学方法除锈主要使用除锈剂除锈。例如，将铬酐、磷酸与水按一定的比例兑成溶液，将锈蚀金属浸入其中，至锈蚀除净后取出，用清水冲洗后迅速放入钝化液中即可。

六、物料防霉防虫作业

物料霉变的防治主要是针对物料霉变的外因——微生物产生的环境条件，而采取相应的技术措施。常见易霉变的物料如表5-5。

表5-5 常见易霉腐物料

食品	糖果、饼干、糕点、饮料、罐头、酱醋、肉类、鱼类和鲜蛋等
日用品	化妆品
药品	以淀粉为载体的片剂、粉剂、丸剂，以糖液为主的各种糖浆，以蜂蜜为主的蜜丸，以动物胶为主的膏药，以葡萄糖等溶液为主的针剂等
皮革制品	皮鞋、皮包、皮箱和皮衣等
纺织品	棉、毛、麻、丝等纤维及其制品
工艺品	竹制品、木制品、草制品、麻制品、绢花、面塑、绒绣和核雕等

通常而言，防霉变的具体措施有两个：一个是加强储存物料的保管工作；另一个是采取预防措施，用药物防霉腐。

（一）储存物料的合理保管

（1）加强每批物料的入库检查，检查有无水渍和霉腐现象，检查物料的自然含水量是否超过储存保管范围，包装是否损坏受潮，内部有无发热现象等。

（2）针对不同物料的性质，采取分类储存保管，达到不同物料所需的不同储存保管条件，以防止物料的霉变。

（3）根据不同季节、不同地区的不同储存保管条件，采取相应的通风降湿措施，使库内温度和湿度达到抑制霉菌生长和繁殖能力的要求。

（二）药剂防霉腐

药剂防霉腐即把对霉腐微生物具有抑制和杀灭作用的化学药剂加到物料上，防止霉腐。常用的工业品防霉腐药剂有亚氯酸钠、水杨酰苯胺、多聚甲醛等。

另外，多数霉腐微生物在有氧条件下才能正常繁殖，所以，采用氮气或二氧化碳气体全部或大部分取代物料储存环境的空气，可以使物料上的微生物不能生存，也能达到防霉腐效果。这种方法常用于工业品仓库。

七、物料储存品质控制

（一）日常质量监督

1. 日常质量监督的方式和性质

总体上讲，在库品日常质量监督的工作方式是巡视，性质是目视检查。

（1）巡视：定时巡回查看

（2）目视检查：用眼睛观察确认。

2. 日常质量监督的实施频次

日常质量监督的实施频次是每班不少于一次，夜班也不能例外。

日常质量监督无须记录检查报表，但必须有实施确认表，以免责任人遗忘和进行必要的追溯。

3. 日常质量监督的内容

（1）仓库的温度和湿度。

（2）物料的摆放状态，如有无东倒西歪等。

（3）物料本身的状态，如有无腐烂、生锈等。

（4）物料的环境状态，如有无雨淋、日晒等。

（5）仓库的消防状况，如消防设备是否齐全、有效，数量是否足够，存放的地点是否合适等。

（6）仓库的防盗状况，如门窗有无破损，门窗锁是否有效，防盗方面是否存在其他隐患等。

（7）仓库的照明状况，如照明是否能够满足仓库作业要求，照明设施有无损坏等。

（8）仓库的设备状况，如起重设备、叉车、货架、托盘等是否完好。

日常质量监督可以与收发料同时进行，以减少库管员的劳动强度，如在发出物料时确认所发出物料及其周围物料的质量状态；在接收物料时确认所接收物料及其周围的物料的质量状态；在收发物料的过程中顺路边走边巡视。

（二）定期进行检验

1. 定期检验的周期

凡库存期限超过一定时间的物料必须按规定的频次进行一次品质检验，以确保被存储的物料质量良好，这就是库存物料的定期检验。这里的定期到底是多久，需要根据物料的特性来确定，常见物料的安检期如下。

（1）油脂、液体类物料，定检期为 6 个月。

（2）危险性特殊类物料，定检期为 3 个月。

（3）易变质、生锈的物料，定检期为 4 个月。

（4）有效期限短的物料，定检期为 3 个月。

（5）其他普通的物料，定检期为 12 个月。

（6）长期贮备的物料，定检期为 24 个月。

2. 库存物料定期检验的方法

一般情况下，库存物料定期检验的方法与进料检验的方法相类似，由 IQC（此处指 IQC 岗位人员）按抽样的方法进行。

库存物料定期检验的实施步骤如图 5-2 所示。

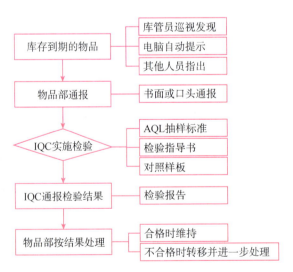

图 5-2 库存物料定期检验的实施步骤

注：AQL——acceptable quality limit，可接受质量限，即当一个连续系列批被提交验收时，可允许的最差过程平均质量水平。

3. 库存物料定期检验结果的处理方法

对库存物料定期检验结果的处理，应以品质检验报告为依据进行。合格时可以维持现状、不动，不合格时则需要按下列步骤处理。定检不合格品的处理步骤如图 5-3 所示。

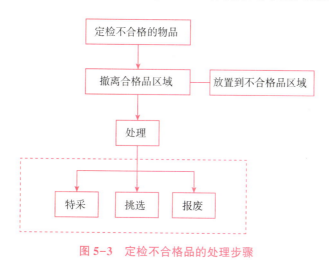

图 5-3　定检不合格品的处理步骤

第二节　物料盘点作业

一、选择盘点方法

库管员对库存物料进行盘点时，可以采用以下几种盘点方法。

（一）盘点签盘点法

盘点签盘点法是指在盘点中采用一种特别设计的盘点签，盘点后贴在实物上，经复核者复核后撕下。这种方法对于物料的盘点与复盘核对既方便又正确，对于紧急用料仍可照发，临时进料也可以照收，核账与做报表均非常方便。

（二）料架签盘点法

料架签盘点法是指以原有的料架签（保管卡）作为盘点的工具，不必特意设计盘点标签。当盘点计数人员盘点完毕后，即将盘点数量填入料架签上，待复核人员复核后，如无错误即揭下原有料架签并换上不同颜色的料架签，随后清查部分料架签尚未换下的原因，再依料账顺序排列，进行核账与做报表。

（三）盘点单盘点法

盘点单盘点法是指以物料盘点单总记录盘点的方法，这种方法在整理列表方面十分方便，但在盘点过程中，容易出现漏盘、重盘、错盘的情况。

（四）最低存量盘点法

最低存量盘点法是指当库存物料达到最低存量或订购下限时，即对该物料进行盘点，盘点后开出对账单，以便查核误差的存在。这种盘点方法对于经常收发的物料相当有用，但对于呆料来说则不适合。

（五）分区轮盘法

分区轮盘法是指盘点人员将仓库分为若干区域，依序清点物料存量，并在一定日期后重复盘点。

（六）分批分堆盘点法

分批分堆盘点法是指将某批收料记录签放置于透明塑胶袋内，拴在该批收料的包装件上，发料时，在记录签上记录并将领料单副本存于该透明塑胶袋内。盘点时，对于尚未动用的包装件，可承认其存量毫无差误，只将实际动用的存量盘点，若不相符马上查核记录签与领料单就能一清二楚。

二、做好盘点准备

做好盘点前的准备工作，是保证盘点作业准确、迅速的基础。要为盘点做好准备，库管员就必须完成以下几项工作。

（一）清理仓库

在进行实地盘点之前，为了更容易进行盘点，库管员要对仓库中放置物料的场地进行清洁整理，并做到以下两点。

（1）仓库内物料摆放整齐，以便于计数。

（2）库存账、物料保管卡及物料档案整理就绪，未登账、销账的单据均应处理完毕。

（二）明确盘点对象

库管员要对仓库中的物料进行明确划分，确定物料盘点时的盘点对象。

（1）对于没完成验收、验收不合格但仍未退回的物料，其所有权归供货商，必须将其与库存物料区分开，以免在盘点时混淆。

（2）对于经过管理部门批示，明确作为呆料并等待处理的物料，应做明显的标志，并从库存物料中扣除。

（三）准备盘点工具

（1）准备盘点时使用的计量用具。

（2）准备盘点票、盘点记录表和盘点盈亏表等单据。

三、盘点作业实施

（一）进行分工

1. 划分区域

将仓库分成几个区域，并确保各区域之间不重合、不留有空白。

2. 人员分配

划分完区域后，应将盘点人员分成几个组，每组负责一个区域。分组时，应该注意将专业人员与非专业人员进行搭配组合，以提高盘点效率。

（二）清点物料数量

盘点人员依据分工，按顺序对负责区域内的物料进行点数。根据库存物料的计量单位不同，应该采用不同的计数方法。

1. 计件物料

以件（箱、捆、包）为单位的物料先清点件数，再换算成计账单位与账、卡核对。此时要特别注意，包装容量不同的物料要分别清点，以免造成盘点错误。

2. 计重物料

对于有标准重量的物料，只要件数相符，即可作为账货相符处理。

对于无标准重量的物料或散件物料，原垛未动的，可复核原磅码单，磅码单无误即可作账货相符处理；原垛已动的，存量较大，可进行理论换算，如无较大短缺迹象，暂作账货相符，待出清后按实结算。对于零头尾数有疑问的物料应过磅计量，如不超过规定损耗率，作账货相符；如超过规定损耗率，作账货不符处理。

3. 计尺物料

包装容量一致的计尺物料，以件为单位计数；包装容量不一致的计尺物料，必须逐件核对磅码单。

（三）填写盘点单

库管员应该根据清点后得出的物料数量，填写盘点单（表5-6）的第一联，并将此联悬挂在对应的物料上。

表5-6 盘点单

第一联	
物料名称	填写日期
物料编号	存放货位号
单位	数量
填写人	盘点单号

续表

第二联			
物料名称		填写日期	
物料编号		存放货位号	
单位		数量	
核对人		填写人		盘点单号	

注：盘点单一般为一式两联，一联为初盘人填写，另一联供复盘人员填写。

> **☞ 小贴士**
>
> 盘点单中的"盘点单号"为预先印刷的连续号码，应按照顺序填写。填写错误时也不得撕毁，应保留并上交。

（四）复盘

在初盘人员清点完物料并填写了盘点单后，复盘人员要对清点结果进行检查，并据实填写盘点单的第二联。

如果复盘数量与初盘不一致，应该由初盘人员与复盘人员对其进行再次清点，以确定最终数量。

四、盘点结果统计

（一）统计盘点结果

盘点后应将盘点单按编号及发出数收回，并根据每张盘点单上的最终物料数量，统计出物料的总量。盘点单是盘点实际库存数的原始记录，收回后应妥善保存，以备与账、卡核对。

（二）核对盘点盈亏

将盘点所得库存物料实存数量与库存账目数量进行核对，若发现实存数量大于账面结存数量或有物无账的情况，即发生了物料的盘盈；若发现实存数小于账面结存数量或存在有账无物的现象，即发生了物料盘亏。

五、盘点差异处理

在盘点时，如果发生盘点所得实际数量与库存账面数量不符时，库管员分析其产生的原因，将盘点结果上报给管理部门，并根据管理部门的批示，调整账面数量。

（一）分析差异原因

盘点差异产生的原因是多方面的，可能是库管员日常管理出现差错，也可能是盘点人员在盘点时计数有误。因此，出现盘点差异时，库管员可按照以下程序追查差异产生的原因。

第二节　物料盘点作业

1. 检查盘点记录

当盘点发现差异时，库管员应该首先核对盘点时的单据，以确定盘点差异是否由盘点工作中的计数差错或记录差错造成的。

2. 检查计量用具

对盘点时采用的量具、衡具加以检查，以确定是否因计量用具欠准确而形成盘点差异。

3. 询问盘点人员

询问盘点人员，以确定其是否有不遵循盘点工作的步骤，或是否有漏点、复点等情况发生。

4. 复核库存账目

通过复核库存账目及记账凭证，检查记账过程中有无凭据记录、重复记录、记录差错等情况。

5. 确定差错原因

如果经过上述步骤，发现其均不是产生差异的原因后，则可判断是由于盗窃、丢失、贪污等原因产生的库存差错。库管员在日后的管理工作中，应该注意加强防范。

（二）上报盘点结果

通过盘点查清仓库的实际库存量后，库管员应该向上级部门及时报告盘点结果，并请其对盘点中产生的盈亏进行处理。为了使管理部门及时了解库存情况，库管员应该依据盘点的结果，分析盘点产生差异的原因并制定对策，填写盘点盈亏汇总表，并请上级主管部门就盘点差异的处理方法进行批示。

（三）调整账面存量

根据盘点后的结果，库管员要办理库存账目、保管卡的更改手续以保证账、物、卡重新相符。

1. 调整库存账目

调整库存账目时，库管员应该根据盘点结果，在库存账页中将盘亏数量做"发出"处理，将盘盈数量做"收入"处理，并在摘要中注明"盘盈（亏）"，如表5-7所示。

表5-7　盘盈（亏）库存账目调整

年		凭证		摘要	收入	发出	结存
月	日	种类	号码				
……	……	……	……	……	……	……	……
12	30	领料单	06123005			5 000	146 000
1	1	盘点单	07010109	盘亏		5 000	141 000

2. 调整保管卡

库管员调整保管卡时,也应该在收发记录中填写数量的变更,具体方法如表5-8所示。

表5-8 盘盈(亏)保管卡调整

……							
收发记录							
日期	单据号码	发料量	存量	收料量	退回	订货记录	备注
……	……	……	……	……	……	……	
12月30日	06123005	5 000	146 000				
1月1日	07010109	5 000	141 000				盘亏

第三节 库存物料的保管

一、常用物料的保管

(一)灯泡、灯管的保管

(1)灯泡、灯管应存放在干燥、通风的库房内,按类别存放。灯泡易碎、易损,必须逐个用皱纹纸卷包后装在瓦楞纸盒内,或者在瓦楞纸盒内用纵横格纸板保护,避免彼此碰撞。

(2)灯泡、灯管应原包装堆放。灯泡装盒后,可再用竹篓包装;日光灯管等长形灯管单独外包装后,可用硬质纸板箱包装。堆垛不宜过高、过多,以防倒塌。

(3)在保管中注意干燥,避免受潮,收发要轻拿轻放,不得抛掷以免受振。外包装上应有"小心轻放""易碎怕压""谨防受潮"等明显标志。

(二)灯具的保管

灯具在保管时应注意以下要点。

(1)各种灯具应存放在干燥通风的库房内。

(2)各种瓷质、玻璃制品怕振易损,拿取时要小心轻放,要求在木箱内用稻草等衬垫物隔开,避免碰撞,勿受挤压。带玻璃的灯具要装在牢固的箱内,避免受潮和撞击。

(3)胶木制品应在纸盒内存放,不可受潮或受挤压。

(4)整流器等电器的包装应良好,不可受潮,防止灰尘侵入。

(三) 仪器仪表的保管

仪器仪表具有精密度和灵敏度高的特点，应放在恒温、恒湿的库房里（温度不超过 40℃，相对湿度不超过 80%），不宜洒水清扫，要保持室内干燥，并定期进行复验、校准，必要时应拆装检查。注意，仪器仪表的保管期一般不超过三年，逾期需经技术鉴定后方能使用。

(四) 轴承的保管

轴承规格较为复杂，精密度较高，容易受自然条件的影响，应存放在通风、干燥、保温的库房里。入库时要进行油封，如发现锈蚀应及时除锈，重新油封。室内温度应保持在 5~25℃，轴承不得与化学药品和其他具有腐蚀性、氧化性的物料混放在一起，应密封保管，防止灰尘侵入影响质量。

(五) 工具的保管

工具种类繁多，保管方法也各不相同，其共同的要求是库房要通风、干燥、清洁，温度不高于 25℃，相对湿度 70%。

(六) 玻璃的保管

保管玻璃时，应按照玻璃的不同品种、规格、等级分别存放在干燥通风的库房，不得露天存放，不得与潮湿和挥发性物料（如酸、碱、盐、油脂、石灰、水泥和酒精等）存放在一起。玻璃应平放在货架上，并保护好包装纸，取放时应戴手套，以防汗水侵蚀。堆垛时应将玻璃立放，严禁平放或歪斜，不得重压和碰撞。在保管中，玻璃如发生霉变，可用棉衣或碎布蘸煤油、酒精或丙酮等液体溶剂擦除，擦除后再用干布擦拭，就可恢复明亮。玻璃不能淋雨，雨淋后应擦干，否则被光照晒易引起碎裂。如两块玻璃黏结在一起，可用湿水慢慢浇注或浸置于湿水中予以分开。

(七) 橡胶板的保管

在对橡胶板保管前，先检查橡胶板表面是否光滑细润，是否存在有气孔、气泡、裂纹、皱皮等缺陷。性质应柔软有弹性，折至 180°不应呈裂纹，硬性的不能弯折。在保管时，应把橡胶板平放，也可卷起立放。在储存中应保持清洁，特别是要防止高温，只可存放在通风良好的库房内，防止重压，受热软化黏结，受风化会变脆发硬，库内温度应保持在-15℃~35℃，相对湿度保持在 50%~80%。橡胶板应远离矿物油、硫化物质和气体，储存时可在每张板面上撒些滑石粉，避免黏结。

二、化工原料的保管

(一) 无机化工原料的保管

（1）硫酸亚铁（绿矾、铁矾）：应储存于干燥的库房中，防止风化、潮湿、雨淋和日晒等。

（2）亚硝酸钠：属二级无机氧化剂，危险品编号为23021。应储存于阴凉、干燥、通风的库房，不可与氧化剂、有机物、易燃物、酚类和墨灰等共储混运，不宜久储，运输时要避免受潮和阳光直晒。严防接触火种，否则会引起燃爆。

（3）甲醛次硫酸氢钠（吊白块，雕白块）应储存于阴凉、干燥、通风的库房中，严禁与氧化剂、有机物及易燃物同储，且不宜久储，避免受潮和阳光直晒。

（4）氯化钾：应储存于干燥、通风的库房内。运输时，必须使用篷盖遮挡，严防受潮或雨淋而溶化流失。

（5）过硫酸钾：应储存于干燥阴凉与通风的库房中，严格防潮。严禁与有机物或还原性物质共储混运，搬运时应防止包装破损。

（6）氢氧化钾（苛性钾）：属无机碱性腐蚀物料，危险品编号为95002。包装外应有明显的"腐蚀性物料"标志，应储存于干燥通风处，与酸类隔离放置。由于其极易吸收二氧化碳和水分，运输时严防铁桶锈蚀、产品吸潮变质。

（7）磷酸（正磷酸、一缩原磷酸、缩原磷酸）：属二级无机酸性腐蚀性物料，危险品编号为93002。应储存于阴凉处，严禁与碱类、有毒物料及其他易腐蚀物料混放。

（8）碳酸钾：应储存于干燥和通风库房中，注意防雨和防潮，不可与酸类物料共储混运。

（9）硫氢化钠：固体硫氢化钠用铁桶包装，液体硫氢化钠用铁罐车运输。应放置在阴凉干燥的通风处，储运时应防火，防止包装破损，严禁人体与其接触。

（二）有机化工原料的保管

（1）合成脂肪酸：应注意防腐，避免日晒雨淋。

（2）叔十二碳硫醇：储存于阴凉干燥库房中。严禁与过氧化物接触共存，以免发生燃爆。库房应通风良好，避免日晒雨淋。

（3）乙酸钠（醋酸钠）：注意防潮、防雨和防晒，严禁与腐蚀性气体接触。

（4）硬脂酸镁：属一般化学品，应储存于阴凉、通风、干燥的库房中。

（5）丙烯酸甲酯：属一级易燃液体，危险品编号为61115。应储存于阴凉通风的库房中，库温不超过10℃，并与氧化剂分开存放。密闭包装，防止变质。

（6）亚甲基丁二酸（衣康酸）：应储存于阴凉干燥的通风处，严禁受热，储存时间不宜太长，以免发生聚合。

（7）苯甲酸钠（安息香酸钠）：包装上应注有"食品添加剂"，储存在干燥库房中，包装必须严密，防止日晒、雨淋、受潮和有害物质污染。运输时不得与有污染的物质同车混装。

(8) 氯乙酸（一氯醋酸）：属二级有机酸性腐蚀物料，危险品编号为94003。包装上应有明显的"腐蚀性物料"标志，应储存于阴凉通风的库房中，远离火源和热源，并与氧化剂、碱类物料分开存放。

(三) 有害化工原料的保管

(1) 液氨（阿摩尼亚）：应查看钢瓶是否合格，是否漏气，是否有安全罩，应直立放置，避免碰撞，存放在阴凉通风干燥的库房内，最好是专库专用。应与氯、溴、碘、易燃物及酸类隔离，不可接近火源和热源，不可在日光下暴晒。

(2) 苯乙烯（乙烯基苯）：属二级易燃液体，危险品编号为62043。用160千克铁桶包装（即160千克/桶），桶内加入适量阻聚剂。包装外应有明显的"易燃物料"标志应储存于25℃以下的库房内。隔绝热源、火种，不得在日光下直接暴晒，应与氧化剂和酸类物料分开存放。搬运时轻装轻卸，保持包装完好。

(3) 正丁醇：属二级易燃液体，危险品编号为62018。用160千克铁桶包装，包装上应有明显的"易燃物料"标志，应储存于阴凉、通风的仓库内，远离火种、热源，仓库内温度不宜超过35℃。不可与氧化剂、自燃物料、酸类物料共储混运。搬运时轻装轻卸，防止包装破损。

(4) 对苯二酚：属有机有毒品，危险品编号为84161。用5千克或25千克内衬塑料袋、外套木箱或木桶包装。包装上应有明显的"有毒品"和"腐蚀性物料"标志，应储存于阴凉、通风的库房中，远离火种、热源。严格保持包装完整，需避光防水。应与氧化剂、食品添加剂分开存放。

(5) 纯苯（安息油，净苯）：苯在入库时，应检查容器是否密闭，桶口垫圈是否严紧，发现破漏时，应将破漏处朝上，然后在库外安全处更换桶，不可用电焊和锡焊补漏。苯应存放在阴凉、干燥、通风的低温库房内，库温不得超过28℃，要防止日光直接照射，禁止接触火源。不可与氧化剂共储库内，不可使用能产生火花的金属工具。穿带钉的鞋时不准入库，搬运时要防止摩擦、撞击，禁止滚桶，以免发生火花静电起火。

(6) 丙烯酸甲酯：属一级易燃液体，危险品编号为61115。应储存于阴凉、通风的库房中，库温不超过10℃，并与氧化剂分开存放，密闭包装，防止变质。

(7) 苯胺（阿尼林油，氨基苯）：苯胺应储放于阴凉、干燥、通风的库房，不宜在露天堆放，避免阳光照射，隔绝火种与热源，不可与氧化剂共储运。装卸搬运应轻拿轻放，切勿将桶摔漏，苯胺能腐蚀铁桶，不可久储，储存期限以6个月为宜。

(8) 苯酚（石碳酸，工业酚）：储存于阴凉、通风的库房，避免日晒雨淋。隔绝热源与火种，与氧化剂要隔离储存。

(9) 丙酮（二甲酮，醋酮，木酮）：属一级易燃液体，危险品编号为61080。用160千克铁桶包装，包装上应有明显"易燃物料"标志，应储存于阴凉、通风的库房中，气温不宜超过30℃。远离火种和热源，应与氧化剂分开存放。灌装时流速不宜过快，以防产生静电。

（10）乙醇（酒精）：属一级易燃液体，危险品编号为610711。应储存于阴凉、通风的库房中，气温不宜超过35℃。远离火种、热源，不可露天堆放。容器必须密闭，运输时不可撞击，防止渗漏。禁止与氧化剂、硝酸共储混运。

（11）烧碱（苛性钠，火碱）：烧碱入库时，应查看容器是否完好、不破漏，有无脱盖现象。固体烧碱包装容器如有锈蚀、破裂、孔洞及溶化淌水现象，应及时更换包装。烧碱宜放在通风干燥的库房或货棚下，应与酸类隔离。固体烧碱在遇水溶解时会放出大量热，因此必须注意与水、易燃品、易爆品隔离储存。烧碱是强碱，腐蚀性很强，在操作时要穿戴工作服、胶围裙、胶手套、高筒胶靴、防护眼镜等防护用品。如皮肤不慎触及碱液，可用大量清水冲洗或送医院诊治。

（12）纯碱（苏打，洗涤碱）：纯碱入库时，应检查包装有无破损，发现破损包装应立即缝好，以免损失。如开袋查验，要看物料色质是否纯白，有无可见杂质，有无结成硬块。对破损包装要过磅检斤。纯碱应存放在干燥、通风的库房中，最好是专库专用。不得与酸类、氯化铵、硫酸铵等铵盐和有毒品共储，库房应保持清洁，粉末散漏要及时打扫干净，以免被腐蚀。纯碱极易吸潮，不宜久储，发货时应坚持"先进先出"的原则。纯碱虽属非危险品，但因纯碱水解时呈碱性，因此，在操作时，仍应穿戴好防护用品，以防灼伤皮肤。

（四）"三酸"的保管

硫酸、硝酸、盐酸（简称"三酸"）均属腐蚀性物料，必须严格按腐蚀性物料的要求进行储存、保管。

（1）"三酸"入库时，要认真查验内、外包装是否牢固，有无腐蚀、松脱、破损、渗漏等现象。抽检时可用玻璃管吸收坛内底层液体，查看色泽是否正常、有无杂物。仓管人员在操作时，必须穿戴工作服、橡皮围裙、橡胶长筒靴、橡皮手套、防护眼镜和口罩等防护用品。

（2）"三酸"可储存在一般库房或货棚内，坛装硫酸亦可露天存放，但必须在坛盖上加盖瓦钵，防止雨水浸入。过于寒冷和炎热的地区，在冬夏雨季，最好移入库房存放。化学试剂用硫酸、盐酸不宜露天存放，以防分解变色。

（3）"三酸"均不可与有机物、易燃物、氧化剂、氯酸盐、硝酸盐、电石、金属粉末等共储，以防物料变质。

（4）凡用坛装的"三酸"存放在露天时，可除去外包装，平放一个坛高。存放在库内时宜带外包装，可堆行列式两个坛高。堆码时，垛底要有防潮设施，如枕木、垫板等，以防由于地潮造成外包装腐烂脱落而发生事故。另外，要注意轻拿轻放，严禁倒放。

> **☞ 小贴士**
> "三酸"的化学性质都比较活跃，易分解挥发出有腐蚀性的气体，对人身安全等影响较大。因此，必须加强对在库物品的检查，发现问题，及时解决。

三、金属材料的保管

（一）钢筋的保管

在验收时，检验钢筋规格尺寸是否符合相应产品标准的规定，如表面应无裂纹、结疤、折叠；一般螺纹筋与纵筋不允许有不相连接之处；钢筋表面允许有凸块，但不允许超过螺纹筋的高度。钢筋的保管要点如下。

（1）非预应力粗钢筋可存放在露天料场，有条件的应存放在料棚内。预应力钢筋应存放在库房或料棚内。

（2）码垛方法：可下垫垫木平行分层顺码，垛高 1.2～1.5 米，垛宽 2～2.5 米。定尺者应按长度分别码垛。由于螺纹钢含碳量较高，弯曲后不易调直，除装车时因过长不便可在端部略加弯曲外，保管中不许弯折，应平直放置。

（3）螺纹钢表面带有筋条，易生锈，露天存放必须妥善苫盖，不使其受到雨雪浸淋。保管中如发现生锈，应改善其保管条件，不宜喷涂防锈油料，亦不宜涂刷石灰或水泥浆等。因为钢材表面附有油层后，在使用时会降低其与混凝土间的握裹力，影响建筑强度。

（二）钢丝绳的保管

（1）钢丝绳防锈应涂以专用干油或中性软黄油，或用 90%～95% 的软黄油与 5%～10% 的煤焦油混合后在 60℃ 下热涂。涂油后不可沾上污垢、沙土、煤末等，以免影响使用寿命。

（2）缠绕在筒轴上的钢丝绳因涂油下沉要定期旋转，每次转动 1/4 圈成捆者应定期翻动。

（3）缠绕在筒轴上的钢丝绳应原筒直立放置（筒轴与地面平行），不可卧放。用木轮包装钢丝绳，木轮不能潮湿。绳头必须固定在筒轴上，以防弹散伤人。成捆钢丝绳应保持包皮完整，平放在垫木上，离地面 300 毫米以上。

（4）零发截割时，应就一筒截取，发完后再截别筒，截割时应先将预定切割处两侧用铁丝扎紧，以免切割后松散，并将绳端固定在筒壁上。滚动筒轴时，要顺着筒轴上所示箭头方向，以免松散，保管中不得用有棱角的钢材支撑。

（三）钢板钢带的保管

（1）普通钢板在三级锈蚀以下，优质及合金钢板在二级锈蚀以下，应将锈层清除干净。

厚度在 4 毫米以下的优质薄板中，热轧板除锈后可不涂油，冷轧板除锈后应涂以中性矿物油，不宜继续保管。

（2）普通钢板属二级锈蚀者，应将锈蚀浮层清除、扫净，喷涂防护油。

（3）优质、合金钢板及普通钢板属三级锈蚀者，除锈后应及时处理，不应继续保管。

（4）镀覆板材（如镀锌薄板等）其锈蚀大部分为点状、线状和片状，除锈时易挫伤镀面，不宜除锈和涂油。发现有锈蚀迹象时，应及时处理。镀锌板原出厂涂油的，应视情况定期检查，用布擦去已失效的油层，涂以中性防锈油。

（5）钢带应在库房内保管，涂以防锈油，并以防潮纸或牛皮纸、麻布或其他包装物包装。在箱内或桶内包装良好的钢带可不必再包装。注意，要定期检查钢带的锈蚀情况，一旦发现锈蚀，应除锈涂油，并提前使用，不宜长期保管。

（6）弹簧钢带不除锈、不涂油，应根据其锈蚀情况及早处理、使用。

（四）有色板材的保管

（1）各种板材应存放在干燥通风的库房内，按不同材质、牌号、规格、尺寸分别平放堆码。少量的应平放在层格料架上；大批的要用木板垫好，平码起垛，每垛中间不得有垫隔物料，防止弯曲；箱装的应支垫平整并码好存放。经常检查，清除灰尘，保持表面清洁。

（2）铜板不能与酸、碱类物料混存，如发生铜锈或结露应及时用干布擦净，但不宜涂油。

（3）铝板出厂时有一部分会进行涂油包装，也有一部分不进行涂油包装，为了保持铝板不被腐蚀，凡需长期保管的应重新涂油加以保护。铝板不得与酸、碱、盐类物料同库存放。铝板还应和铜、铁物料有一定间隔，更不能接触或直接放在铜、铁物体之上，以免发生腐蚀。如已产生锈斑应及时擦除，重新涂油保护。严重腐蚀（长白毛）的材料不能再使用。铝板不得与碱类物料混存。

（4）各种有色金属板材在运输和保管中应注意防止碰伤。

四、油料的保管

（一）汽油的保管

汽油是含 5~8 个碳原子的烃类混合物液体，无色、淡黄色、红色或橙黄色，具有强烈的刺激气味，泡沫消逝快，挥发性强。

汽油容易燃烧，但不易自燃。在保管汽油时应注意以下几点。

（1）尽可能用油罐储存（最好是地下或半地下油罐），以减少蒸发损失。桶装汽油要放在阴凉的地方，桶装不应太满或太少。

（2）桶装汽油损耗较大，变质较快，应先进先出，汽油露天存放不宜超过半年。

第三节 库存物料的保管

(3) 汽油蒸发的气体与空气混合后易燃，甚至能引起爆炸，故储存、装卸汽油的场所应严格防火防爆。

(4) 一切用于储存、输送汽油的油罐、管道、装卸设备等都必须有良好的接地装置，其接地电阻阻值应大于10欧姆。

(5) 往油罐或油罐汽车装油时，输油管要浸入油面以下或接近罐的底部，以减少油料的冲击及油料与空气的摩擦。

(6) 装卸或输送油料时，不要在油管出口上安装绸、毡滤袋或在汽油中擦洗毛织物、人造纤维织物。

(7) 运送汽油的油罐汽车，必须有接地铁链条。

(二) 润滑油的保管

在保管润滑油之前，应掌握油脂的简易识别方法：一是"看"，看油的颜色，颜色浅的是馏出油和精制程度较高的油品，颜色深的是残渣油和精制程度不高的油品；二是"嗅"，嗅油品的气味；三是"摇"，把油品装在无色玻璃瓶中摇动，观察油膜和气泡的情况；四是"摸"，用手摸油脂的软硬程度和光滑感，精制好的油光滑感强，精制不好的油品光滑感差。

在保管润滑油时，应注意以下几点。

(1) 润滑油须按品种、牌号分别存放，不能混淆，并有明显标志，有条件的应入油库保管。

(2) 保持器皿清洁密封，防止混入沙粒等杂质，并应远离电源，以防分解。

(3) 取油工具要干净，不允许有沙粒等杂质混入。

(4) 不可用无衬垫的木制容器盛装，因木料吸油易使油脂变硬。

(5) 坚持先进先出，储存期不可过长，以免氧化变质。

(三) 润滑脂的保管

(1) 入库前要根据入库单仔细核对品名、规格、数量，检查包装是否良好，有无渗漏。

(2) 认真核对产品合格证和质量证明书。

(3) 对实物可作直观目测，取出样品，观察颜色是否正常、符合要求。在玻璃上涂抹约1毫米厚薄层，观察颜色和状态，一般应质地均匀，不应有圆块状存在。

(4) 必须入库保管，库房应干燥、清洁，温差不可过大。

(5) 应按品种、牌号分别存放，不能混淆。入库时间过长的不可混放。

(6) 要保持容器清洁密封，防止混入污物杂质，并远离热源，以防分解。

(7) 取油工具要干净，不允许有沙粒等杂质混入。

(8) 不可用无衬垫的木制容器盛装，因木料吸油易使油脂变硬。

(9) 要坚持先进先出，储存期不可过长，以免氧化变质。要定期检查，如发现有变质异状时，应抽样化验。

五、危险品的保管

危险品的保管要根据危险化学品的不同性质，在每个仓库外的明显地方设置标明不同灭火措施要求的消防标志牌，以防发生火灾时乱用消防设备。库区内严禁吸烟，也不准携带火种进入库区。储存危险化学品的仓库要装防爆灯具。发生火灾时，可根据危险化学品的不同性质，用雾状水、泡沫灭火器、二氧化碳灭火器、四氯化碳灭火器、干粉灭火器等扑救。

（一）爆炸品的保管

爆炸品必须严格按其性能和类别设专库储存。不同爆炸品彼此之间有相互抵触的现象，因而不得同库混存。例如，雷管是敏感性极高的起爆器材，不能与各种炸药混存。储存时，爆炸品的储存量不宜过大，要防鼠、防潮、防日光照射，与周围建筑物保持30米以上的距离并建有防爆墙。严禁与易燃物、氧化剂、强碱、盐类及金属粉末混存，储存温度宜在10~30℃，相对湿度宜在75%以下，最高不能超过85%。

（二）自燃物料的保管

自燃物料性质活泼、怕热、怕潮，所以要选择阴凉、通风、干燥的仓库进行储存，不得与氧化剂、酸碱、易燃易爆类物料混存。储存中要加强定期与不定期检查，做好通风、散潮、降温工作。对于一级自燃物料，库温不超过23℃，相对湿度应控制在80%以下；二级自燃物料，库温不超过32℃，相对湿度不得超过85%。存放黄磷的库房，冬天温度不低于3℃，以免结冰膨胀使包装破损，发生氧化燃烧事故。

（三）遇湿易燃物料的保管

对于遇湿易燃物料应选择地势高而干燥的库房，要采取良好的防潮隔热措施；堆垛不宜太高太大，以便检查；不能与含水物、氧化剂、酸、易燃物及灭火方法不同的物料同库存放。库内相对湿度一般在75%以下，最高不宜超过80%。

（四）易燃液体的保管

易燃液体的沸点都比较低，易挥发，所以在保管时，应储存在阴凉通风条件好的库房内。高级别易燃液体，如乙醚等应存放在低温库内。对于高级别易燃液体，环境温度应控制在25℃以下，一级易燃液体库温控制在30℃以下，二级易燃液体库温控制在33℃以下。湿度对大多数易燃液体影响不大，但要防止因包装锈蚀导致的液体渗漏。

（五）易燃固体的保管

储存保管易燃固体的库房，要阴凉、干燥、有隔热、防辐射措施。对于易产生挥发气体的易燃固体要严格密封，并定期检查其稳定剂的数量。易燃固体严禁与氧化剂、爆炸品、自

第三节 库存物料的保管

燃物料、强腐蚀性物料等混存。樟脑、赛璐珞、火药等怕热物料，库温宜在 30℃ 以下，相对湿度宜在 80% 以下。其他易燃固体，库温也不要超过 35℃，相对湿度也应控制在 80% 以下。

（六）毒害品的保管

有毒物料应存放于阴凉、通风、干燥的场所，并根据物料性质和消防方法，做好分类储存。无机毒品不能与酸混存，有机毒品不能与氧化剂混存。在接触毒品时要采取必要的防毒措施，保持库房整洁，搞好通风换气。库内温度不宜超过 32℃，相对湿度应控制在 80% 以下。

（七）腐蚀性物料的保管

一级酸性腐蚀品可存放在遮阴的货棚内，二级酸性或碱性腐蚀品可存入库房。注意，酸与碱不得混存，并应与有抵触的其他类别及消防方法不一致的物料分开储存。对低沸点和易燃的腐蚀品，库温应控制在 30℃ 以下，相对湿度不超过 85%。对怕潮的腐蚀品，除包装完好外，相对湿度应不超过 70%。

（八）氧化剂和有机过氧化物的保管

（1）仓库内不得有任何酸类及煤屑、木屑、硫黄、磷等可燃物的残留物，以防引起化学反应而燃烧，甚至爆炸。

（2）如需控温保管的有机过氧化物，应检查控温制冷系统的良好状况，或避开较高的环境温度。制冷剂不得使用液态空气和液态氧。

另外，库管员应经常检查过氧化物的包装是否完好，特别应注意以下几点。

①包装件的内包装与外包装之间衬垫应妥实，以保证内包装不松动，衬垫材料不能使用可燃松软材料（如稻草、木屑、纸屑等）。

②有机过氧化物的包装容器必须进行气密性封口，以保证加入的抑制剂或稳定剂不挥发或流失，并应在包装件外表标明"已加抑制剂"或"已加稳定剂"字样。

③液体货物包装件，包装容器应留有不少于 5% 的膨胀余位，以防运输过程中因温度增高而造成溶剂膨胀，导致外溢渗漏或容器损坏。

④装有通气孔的包装（如内装过氧化氢），必须在一定限度内有效地散发气体，通气孔装置应高于液面之上，保证其在任何情况下，也不能溢出或进入杂质，更不能妨碍通气装置发挥作用。

⑤袋装的氧化剂，其内包装必须能防潮，以防货物受潮溶解或结块。

（3）仓库应远离火种、热源，夜间应使用防爆灯具。对光敏感的物料要采取遮阳避光措施。

（4）不能使用易产生火花的工具，切忌撞击、振动、倒置，必须轻装轻卸捆扎牢固，

第五章 库存物料的盘存和保管

包装件之间应妥帖整齐，防止移动摩擦，并严防受潮。

（5）用钢桶包装的强氧化剂，如氯酸钾等，不得堆码。必须堆码时，包装之间必须有安全衬垫措施。

（6）雨雪天装卸遇水易分解的氧化剂（如过氧化钠、过氧化钾、漂粉精、保险粉等），必须在具备防水的条件下才能进行各种作业。

（7）袋装的氧化剂操作中严禁使用手钩。使用手推车搬运时，不得从氧化剂撒漏物上面压碾，以防受压摩擦起火。

（九）放射性物料的保管

（1）若须直接接触放射性货包，要做好充分的准备工作，尽量减少操作或接触货包的时间，每人每天作业的时间必须根据货包运输指数在规定的时间内进行。

（2）必须穿戴防辐射工作服、口罩、手套等劳动保护用品，搬动时应使用工具，不可肩扛背负，不可坐在货包上，避免身体直接接触货包。

（3）必须注意保持货物包装完好无损，严防撞击、跌落、不准翻滚、倒置。

（4）装卸过程中严禁吸烟、饮水、进食。作业完毕后，要淋浴换衣，洗净手脸。特别是放射性矿石矿砂，包装外易污染，作业后，要检查身上确无放射性矿砂沾污才能进食。

（5）放射性物料要摆放平稳、牢靠，加固捆绑，应防止倒塌、倾斜、撞击移位。

六、劳保用品的保管

劳保用品是供给工人在生产作业过程中，防止人身伤害使用的保护用品。根据用途可分为一般防护用品、防寒用品、防水用品、耐酸和绝缘用品、隔热用品、防毒防尘用品等。根据制作的原材料可分为棉织品、胶皮制品、石棉制品、皮革皮毛制品等。

劳保用品的保管应注意以下几点。

（1）检查服装是否受潮、破损，核对品名、规格、数量是否相符。

（2）验看物料外观是否平滑，有无凹陷、气泡、光泽减退、发黏、发霉、脱胶等现象，以及手套是否成对、靴鞋是否成双。

（3）对于耐酸、绝缘用品，应详细检查有无出厂合格证明及其他部门技术证件，确保耐酸、绝缘能力。

（4）储存于阴凉干燥的库房，库温不超过30℃，相对湿度不大于0%，超过时应当进行通风、降温、散湿工作。

（5）胶皮手套等一般物料，不得与油、碱性物质存放一处，因其接触矿物油后易溶解侵蚀，发生膨胀，失去弹性。

（6）雨衣上的防雨浆，受热起反硫化作用，易于软化发黏。胶靴等组成成分中有硫黄、

第三节　库存物料的保管

蜡、凡士林等，极易燃烧。绝缘物料受冻后，不但易硬化变形、老化龟裂，更主要的是会失去绝缘能力。

（7）经常检查有无受潮受热，造成布面衬里出现白霜、白点、发黏开裂、脱胶、发霉等情况。夏季前应全部撒一次滑石粉，炎热梅雨季节进行倒垛。

（8）各站段基层仓库，对收回的胶制防护用品，要用冷水擦洗干净，放在阴凉处阴干后入库保管。

（9）储存期一般为1年左右。

（10）劳保用品应储存于阴凉、干燥、通风的库房。库温保持在30℃以下，相对湿度保持在80%以下，超过时应进行降温、散潮。

（11）防止日光照射和储存环境过分干燥。

（12）与酸碱物质隔离存放。

（13）皮毛制品在干燥季节要进行检查保养，在阴干处翻晒散潮、撒放精萘粉或放置卫生球，以防虫蛀。

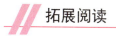
拓展阅读

特殊物料的堆放

特殊物料指的是易燃、易爆、剧毒、放射性、挥发性、腐蚀性等危险物料。特殊物料堆放时应注意以下几点。

（1）危险物料不能混放，如易燃、易爆品等不能同剧毒品放在一起。

（2）危险物料最好不要堆放，一定要堆放时，必须严格控制数量。

（3）危险物料堆放时一定要确认并保持其原包装状态良好。

（4）特殊物料不能依靠其他物料堆放。

（5）堆放特殊物料的垛之间必须要有适当的间距。

（6）放置在货架上的特殊物料不能堆放。

（7）尽可能满足其特殊性的要求。

（8）堆放物料的具体方法随物料的种类、性质、包装、使用的器具等不同而各不一样，要区别对待。

第六章

物品搬运作业

物品搬运装卸方法，实际上就是将一定类型的搬运装卸设备与一些具体的方式相结合，进行一定模式的搬运装卸活动。库管员必须掌握物品装卸搬运的方法和技能，以便安全作业。

⫽ 知识目标

- 了解物品搬运的基本知识
- 明确物品搬运计划的制订和搬运过程的控制

⫽ 技能目标

- 掌握物品搬运方法
- 掌握物品搬运技能

第一节 物品搬运的基本知识

知识导图

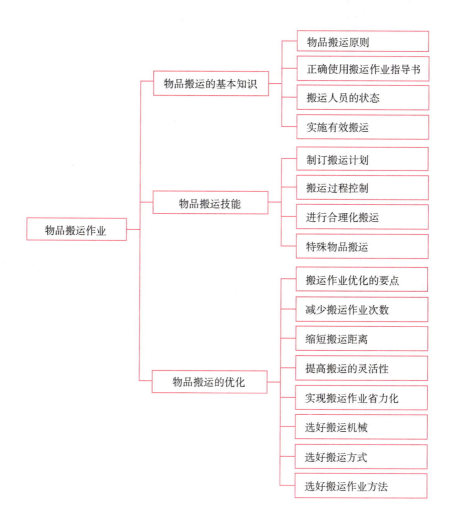

引导案例

××公司搬运作业制度

1. 目的

规范人员的搬运行为，实现标准化作业。

2. 范围

适用于所有人员在公司内部进行的搬运作业。

3. 权责

本文件由物品部主管负责制定，物品部经理批准后生效。

所有实施搬运作业的干部有责任培训并指导搬运人员。

所有实施搬运作业的人员应当遵守该文件的规定。

4. 内容

(1) 搬运纪律

服从命令，听从指挥，顾全大局，统一行动，确保搬运工作有效。

专职搬运人员工作时必须穿着工作装，其他人员临时从事搬运时应视具体的搬运内容由主管级别以上人员决定是否需要穿工装防护。

严禁未授权人员操作搬运工具。

严格落实搬运计划，遇有计划不能完成时，负责人员要事先向搬运组长或主管等人员通报，以便采取措施。

文明作业，杜绝野蛮装卸，严禁坐卧被搬运物品。

作业过程中不准偷懒、走开、脱逃、睡觉等，不准偷拿被搬运物品。

严格遵守各种登记、检查的规定和制度，不得无理取闹。

(2) 工作精神

作业中必须精神饱满，不得散懒、打瞌睡、萎靡不振。

保持平和的心态进行搬运，不得因赌气、发泄等在工作中粗暴搬运。

要像爱护自己的手一样，爱护被搬运物品。

(3) 工作作风

搬运是一个过程，这个过程中一定要实事求是，坚持原则。

自己做的工作自己负责到底，不推卸责任。

搬运搬到位，不留后遗症。

(4) 工作要求

在搬运中要积极合作，不论分工如何，所有人员必须全力投入、默契配合。

保质保量完成搬运任务，搬运作业中遇有困难事项时要积极采取应对措施，不能解决时要及时向上级汇报。

搬运大件物品和特殊物品时要专门指定人员监督和指挥。

按规定使用各种搬运器具，不得滥用，不得超载。

堆放物品时要严格执行相关规定，如高度限制、区域限制、层数限制等。

(5) 注意事项

要严格执行搬运场所的现场规定。

注意物品使用者对搬运事项的要求。

善待搬运人员、搬运器具和被搬运物品。

第一节　物品搬运的基本知识

一、物品搬运原则

把物品由某一个位置转移到另一个位置的过程就是搬运。但是，如果仅仅是物品位移的话，也许这种搬运就是没有意义的，甚至有时是失效的。例如，当把冰搬运到冷库时已经化成了水；把中午饭搬运到工地时已是午后15：00等。所以，对于搬运要强调一些原则。

常见的搬运原则如下。

（1）搬运的时效性，即要遵守搬运计划的规定，按时按量、准确地实施搬运。

（2）搬运的质量，即要确保被搬运物品的质量不能降低，如不能使物品性能损坏、变质等。

（3）搬运的安全，即要确保在搬运过程中不能使人员、设备、物品等发生事故，发生人身安全意外、设备损坏、物品丢失。

二、正确使用搬运作业指导书

（一）认识搬运作业指导书

搬运作业指导书是一种规范性的文件，它为广大仓库作业人员实施搬运作业提供了指导和依据，其作用和要求如下。

（1）明确搬运目的，指示搬运方法、明确步骤、规范搬运作业，从而确保物品能够得到妥善的搬运。

（2）明确适用范围搬运作业指导书适用于所有在公司内发生的搬运和装卸作业，也包括公司外部人员在公司内部进行的搬运和装卸作业。

搬运作业指导书内容包括：①搬运人员的职责；②搬运设备、工具的使用方法；③搬运方式的选择；④搬运过程注意事项；⑤搬运事故处理方法；⑥装载物品的方法；⑦卸下物品的方法；⑧物品堆放方法；⑨特种物品搬运方法；⑩适当的图示指引；⑪搬运安全事项。

搬运作业指导书属于受控文件，由文控中心负责实施受控管理，在现场流通中应使用有效版本的复制文件。

（二）掌握搬运方法

搬运方法是为实现搬运目标而采取的搬运作业手法，它将直接影响到搬运作业的质量、效果、安全和效率。搬运方法应在搬运作业指导书中有具体体现。

1. 按作业对象分

（1）单件作业法，即逐个、逐件地进行搬运和装卸。该方法主要是针对长大笨重物品的搬运。

（2）集装单元作业法，即像集装箱一样实施搬运。

（3）散装作业法，即对无包装的散料（如水泥、沙石、钢筋等）直接进行装卸和搬运。

2. 按作业手段分

（1）人工作业法，即主要靠人力进行作业，但也包括使用简单的器具和工具，如扁担、绳索等。

（2）机械作业法，即借助机械设备来完成物品的搬运。这里的机械设备不仅仅指简单的器具，还应包括性能比较优越的器具，如装卸机等。

（3）自动作业法，自动作业法一般是指在电脑的控制下来完成一系列的物品搬运，如自动上料机、机电一体化传输系统等。

3. 按作业原理分

（1）滑动法，即利用物品的自重力而产生的下滑移动，如滑桥、滑槽、滑管等。

（2）牵引力法，即利用外部牵引力的驱动作用使物品产生移动，如拖拉车、吊车等。

（3）气压输送法，即利用正负空气压强产生的作用力吸送或压送粉状物品，如水泵、负压传输管道等。

4. 按作业连续性分

（1）间歇作业法，即搬运作业按一定的节奏停顿、循环，如起重机、叉车等。

（2）连续作业法，即搬运作业连续不间断地进行，如传送带、卷扬机等。

5. 按作业方向分

（1）水平作业法是以实现物品产生搬运距离为目的搬运方法，如把物品由甲地运往乙地。

（2）垂直作业法是以实现物品产生搬运高度为目的搬运方法，如把物品由地面升到一定的高度。

（三）选择搬运方法

搬运作业指导书中应对选择搬运方法有明确的说明，以便搬运人员能够迅速识别并做出选择。选择搬运方法是顺利地完成搬运任务、实施有效搬运的先决条件。

一般情况下，选择搬运方法应考虑人、机、料、法、环五个因素。

人的方面，指搬运人员状况，包括人员的数量、专业程度、经验技能、组织形式和用工方式等。

机的方面，指搬运设备状况，包括设备的功能、性能、数量、完好程度等。

料的方面，指被搬运物品的特性，也就是它的物理性、化学性、工艺性、精密性等，如形态、体积、性质、重量、贵重程度、精细程度、包装条件等。

法的方面，指要求的搬运作业量，如搬运数量、行程、时间、成本等。

环的方面，指作业环境，如气候条件（温度、湿度、日晒、雨淋）、白天或夜间、地形状况等。

三、搬运人员的状态

很多人在心情不好的时候就会摔东西，这是一种普遍的心理现象。所以仓库作业人员在实施搬运作业时，如果处在情绪不好的状态下，就会对搬运过程产生不良影响。

良好的搬运状态如图6-1所示。

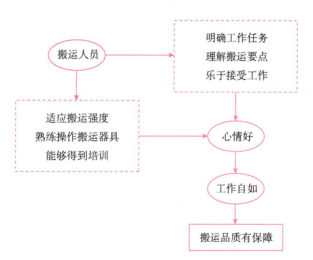

图6-1 良好的搬运状态

搬运人员良好的搬运状态要求如下。

（1）文明、礼貌地展开搬运工作。

（2）良好的工作心态，不能有偏见、赌气现象等。

（3）对被搬运的物品要爱护、珍惜。

（4）不能把工作中的矛盾、分歧等转化到搬运作业中。

保持良好的搬运状态，目的就是确保搬运质量。

四、实施有效搬运

搬运的有效性是针对搬运结果而言的，也就是说搬运结果对于物品的使用或存放应该是有效的。

（一）有效搬运的内容

有效搬运的内容一般包括如下几点。

（1）搬运结果要到位，最好是一次到位，即做好、做彻底，不要有再次搬运的机会。

（2）摆放方式要适合，如消除物品的放置体位、方向等危险因素，不要再留有返工的机会。

（3）放置环境要适合，如放置区域、周围的环境应良好，尽可能减少暂时存放的机会。

（4）杜绝或减少搬运损失，包括丢失、打破、变形、泄漏、挥发、挤压等因素导致的各种损耗。

（5）节减搬运成本。选择使用合理的搬运方式可以选择机械化、自动化、人工等多种搬运方式，但前提是用最低的综合投入实现最大的搬运量。

（6）消除危险因素，在搬运过程中安全使用搬运器具，不要顾此失彼，不要制造危及人身安全的隐患。

（二）有效的搬运过程

有效的搬运过程如图 6-2 所示。

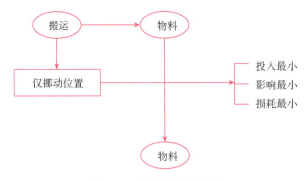

图 6-2 有效的搬运过程

第二节 物品搬运技能

一、制订搬运计划

（一）搬运计划内容

搬运计划一般包括如下几点。

（1）搬运任务，即搬运物品的种类、数量、时间等。

（2）搬运目标，即搬运的作业质量、效率、成本等。

（3）作业方案，即搬运方式、方法、路线、速度等。

（4）搬运设备，即使用的器具、工具、防护用品等。

（5）工作配合，即搬运各相关部门相互之间的联系、权责等。

（二）搬运计划的关联因素

（1）物品本身的因素，如物品的形态、体积、重量、数量、强度、精细性、污染性、包装状态等。

（2）物品使用性因素，如公司的采购计划、进料计划、生产计划、工艺流程销售计划、运输方案等。

（3）搬运环境因素，如搬运行程和距离、搬运频率、物品活载程度、搬运时段等。

（4）搬运设备因素，如装卸机器的性能、数量、能力，运输设备、工具、辅具、防护器具的功能等。

（5）搬运者的因素，如搬运人员的数量、组成、技术水平、工作经验、报酬方式、责任分担等。

（三）搬运计划的制订原则

物品搬运计划是主要生产经营计划下面的从属生产经营计划，它必须是为主要生产经营计划服务的，应遵循的原则包括以下几点。

（1）协调一致原则，即搬运计划要与物流计划、生产计划、销售计划等保持协调性和一致性。

（2）科学性原则，即搬运计划要体现出搬运过程的科学性与先进性，如合理的搬运方案、有效的搬运行程、最小的损耗、最大的安全、最小的成本等。

（3）防错性原则，既要可以识别可能发生的搬运错误，又要采取预防性措施，把灵活性原则可能出现的隐患消灭在萌芽状态。

（4）灵活性原则，因为搬运计划是为生产过程服务的，所以它必须灵活地适应各种变化，适时做出必要的调整。

（四）制订搬运计划的目的

制订搬运计划的目的是有效地实施搬运、规范搬运作业和持续提高搬运效率，具体包括以下几个方面。

（1）确保物流计划顺利实施。

（2）确保满足生产计划和工艺流程的需求。

（3）确保物流迅速、均衡、及时，满足需求节奏。

（4）能更好地提高效率并改善生产。

（5）便于提高搬运本身的作业效率。

二、搬运过程控制

搬运过程控制就是为了达成搬运目标而采取的一系列作业技术和活动。控制的目的是防止原材料、外协件、在制品、完成品等物品在搬运中发生损坏、变质等，以确保最终产品的质量。

（一）搬运过程控制的类型

搬运过程控制的类型一般有预防控制、同步控制和跟踪控制三种。

（1）预防控制，是搬运系统的前期控制方法，也是对搬运系统输入端的控制。预防控制主要包括对搬运人员实施培训、对搬运设备检查维修、学习操作技能及改善现场环境等内容。

（2）同步控制，是搬运过程中的即时控制方法，也叫现场控制或实地控制。同步控制主要包括目视管理，现场指导、督促、临阵协助、加油，人、机配合性工作引导，搬运效果管理。

（3）跟踪控制，是针对搬运结果进行的控制方法，也叫反馈控制。其特点是依据反馈的信息、搬运结果等检讨搬运过程，对发现的偏差采取措施并在下一步作业中实施。跟踪控制主要包括确认搬运的质量、速度等，检验搬运能力；确认搬运的安全、效率等，检验搬运设备；对发现的问题分析原因、建立对策，实施持续改善；识别人员的搬运能力、耐受力等，研究搬运策略。

（二）搬运过程控制的项目和内容

搬运控制的主要项目包括目标控制、质量控制、安全控制、效率控制、速度控制、线路控制、人员控制、成本控制。

搬运控制的主要内容包括：①搬运人员的招聘、培训、考核、管理等；②搬运设备的选择、认可、维护、修理、应用、改造等；③慎重识别被搬运物品的特性；④规范工作流程、作业标准等；⑤强化搬运防护措施；⑥建立搬运制度，增强指挥与协调；⑦改善环境、铺路、防风雨等。

（三）搬运过程控制方法

（1）建立搬运制度，必要时编制文件化的程序。

（2）规定搬运权责，明确分工。

（3）调控搬运活动，增进搬运适宜性。

（4）及时解决搬运中出现的异常问题。

（5）分析和总结搬运效果，优选搬运方案。

（6）制订搬运计划。

（7）实施人员素质管理，奖勤罚懒。

三、进行合理化搬运

（一）合理化搬运的衡量标准

合理化搬运是一种状态，也是一种趋势。合理化搬运的普遍规则主要有以下几点。

（1）尽可能少地投入人力。

（2）投入的设备、器械、工具等要尽可能适用。

（3）对被搬运物品无损耗。

（4）搬运方法科学、文明。

（5）搬运环境安全、适合。

（二）减少搬运次数

（1）减少暂时放置的发生机会，尽可能实现一次搬运到位，以减少搬运次数。

（2）掌握合适的单位搬运量，是减少搬运次数的另一个重要因素。

（三）缩短搬运距离

（1）合理规划工厂布局，可以有效缩短搬运距离。

（2）在工厂布局已经确定的情况下，合理规划流程、及时制订搬运计划，可以缩短搬运距离。

（四）提高物品活载程度

物品的活载程度是指物品被移动的难易程度。例如，放在货架上的物品比堆放的物品容易搬运，则前者的活载度就大些；放在托盘上的物品比放在传送带上更难搬运，则前者的活载度就小些。在实际生产中，为了便于搬运作业，应尽可能地提高存放物品的活载度。

常用的提高活载度的方法如下。

（1）采用自动包装、送料。

（2）采用传输带送料。

（3）将卡通箱存放于标准尺寸的托盘上。

（4）将散料装箱。

（5）多采用专用的物品装载器具。

（6）设计合理的物品装载器皿，并正确使用。

（7）在物流的全系统内及时贯彻相关程序或制度。

（五）提高作业的机械化和自动化水平

为了实现搬运合理化，应该尽可能多地使用先进的搬运设备和搬运技术，如搬运设备机电一体化、搬运方式自动化。

（六）文明作业搬运

（1）搬运作业人员应具有高度的责任心、良好的行业作风和职业道德。

（2）技术熟练。

（3）严格按指导书和各种规定的要求作业。

（4）爱护并保护被搬运的物品。

（5）保护并维护搬运设备。

（6）减轻人员劳动强度。

（7）改善劳动条件。

（8）确保作业安全。

（9）物品堆放合理、稳固、整齐，且标志分明。

（10）有全局观念，主动为下一道工序的作业创造便利。

四、特殊物品搬运

（一）特殊物品的类别

特殊物品是指那些具有特殊的物理性、化学性、工艺性以及其他方面特性的物品，在搬运时需要按特殊要求进行。这些物品的分类如下。

（1）危险品，如汽油、橡胶水、炸药、压缩气体、液化气体等。

（2）剧毒品，如农药。

（3）腐蚀品，如硫酸。

(4) 放射性物品，如射线器械。

(5) 贵重物品，如金、银、玉器等。

(二) 特殊物品的搬运要求

因为特殊物品的搬运有效性对搬运过程具有重大影响，搬运方法不当可能导致人身伤亡或造成重大财产损失，所以对这类物品的搬运要格外慎重，必要时进行专门处理。特殊物品的搬运要求如下。

(1) 搬运人员方面：确保人员技术熟练、经过专门培训、体检合格。

(2) 搬运班组方面：由挑选的合格人员组成，并指定具体负责人，明确职责。

(3) 装卸现场方面：设置防爆照明灯、防护管理措施。

(4) 搬运工具方面：配备合格的专用工具，如油罐车、冷藏车。

(5) 搬运安全方面：装卸开始前要全面确认以消除安全隐患。作业开始前要根据有关的专业要求进行必要的防护，并做好消防、伤员抢救和其他紧急应对措施。

(6) 搬运操作方面：作业中要严格执行作业标准和有关要求，如有必要，某些搬运操作应在技术专家的全程监督下完成。

(7) 搬运监控方面：运输途中要密切监视运输状况，严防意外发生。如发现有隐患存在时要及时采取处理措施，防止事态扩大。

(8) 搬运清理方面：入库摆放前和卸车后要认真清扫货位和车辆，并按有关规定酌情处理。

(9) 搬运态度方面：以认真的态度文明搬运是一切搬运工作的基础，尤其对于搬运特殊物品显得更为重要。

(三) 易爆品的搬运

易爆品的搬运应遵循以下要求。

(1) 装卸车时仔细检查车辆，车厢各部分必须完整、干净和干燥，不能残留酸、碱等油脂类物品和其他异物。

(2) 作业前检查危险品的包装是否完整、坚固，使用的工具是否适合、良好。

(3) 要求参加作业的人员禁止携带烟火器具，禁止穿有铁钉的鞋。

(4) 搬运交接物品时要手对手、肩靠肩，交接牢靠。

(5) 装卸时散落的粉状、粒状爆炸物要及时用水湿润，再用木糠或棉絮等物品将其吸收，并将吸收物妥善处理。

(四) 氧化剂的搬运

氧化剂的搬运要求如下。

(1) 装车时车内应清扫干净，不得残留酸类、煤炭、面粉、硫化物、磷化物等。

第六章　物品搬运作业

（2）装卸车前应将车门打开，彻底通风。

（3）散落在车厢或地面上的粉状、颗粒状氧化物，应撒上沙土后再清理干净。

（五）压缩气体和液化气体的搬运

压缩气体和液化气体的搬运要求如下。

（1）使用专用的搬运器具搬运，禁止肩扛或滚动。

（2）搬运器具、车辆、手套、防护服上不得沾有油污或其他危险物品，以防引起爆炸。

（3）钢瓶应平卧堆放，垛高不得超过四个钢瓶高度，禁止日光直射暴晒。

（六）自燃、易燃品的搬运

自燃、易燃品的搬运要求如下。

（1）作业时开门通风，避免可燃气体聚集。

（2）对于桶装液体、电石物品，发现容器膨胀时，应使用铜质或木质的扳手轻轻打开排气孔放出膨胀气体后方可作业。

（3）雨雪天气下防雨设备不良时，禁止搬运遇水燃烧的物品。

（4）对装运易挥发的液体，开盖前要慢慢松开螺栓，停留几分钟后再开启。装卸完毕后，应将阀门和螺栓拧紧。

（七）腐蚀性物品的搬运

腐蚀性物品的搬运要求如下。

（1）散落在车内或地面的腐蚀品应以沙土覆盖或海绵吸收后，用清水冲洗干净。

（2）装过酸、碱的容器不得胡乱堆放。

（3）作业前应准备充足的清水，以便人身、车辆、工具等受到腐蚀时可以及时得到冲洗。

（4）装卸石灰时应在石灰上放置垫板，不准在雨中作业，严禁将干湿石灰混装在一起。

（八）剧毒品的搬运

剧毒品的搬运要求如下。

（1）装卸车前打开车门、窗户通风。

（2）作业时应穿好防护用具，作业后及时沐浴。

（3）对使用过的防护用具、工具等，最好集中洗涤并消毒。

（4）患有慢性疾病的人员不能参加此项作业。

（5）人员的工作时间不宜过长，最好间隔休息，作业中发现有头晕、恶心等现象时要立即停止作业，并及时处理。

第三节 物品搬运的优化

（九）放射性物品的搬运

放射性物品的搬运要求如下。

（1）由有经验的人员在作业前进行检查和鉴定，以确认是否可以搬运，并指定装卸方法和搬运时间。

（2）作业前做好防护，精力集中。

（3）作业后应立即将防护用品交回专门的保管场所，人员沐浴并换衣。

（4）人员沐浴、防护用品的洗涤等都必须在专门地点实施。

（十）贵重易损物品的搬运

贵重易损物品的类别包括：精细的玉器、瓷器、艺术品，精密机械、仪表，易碎的玻璃器具等。搬运贵重易损物品时应注意以下几点要求。

（1）小心谨慎、轻拿轻放。

（2）严禁摔碰、撞击、拖拉、翻滚、挤压、抛扔和剧烈振动。

（3）严格按包装标志码垛、装卸。

（4）理解并遵守各种要求。

（5）盛装器皿应符合贵重物品的特性，必要时要专物专用。

（十一）特殊物品的搬运器具选择

要慎重选择特殊物品的搬运器具，如果选择错了，将直接威胁到搬运的有效性和搬运质量。以下以专用叉车使用时的注意事项为例进行说明。

（1）内装瓷器、陶器、玻璃器皿的包装箱，不能使用防爆叉车码垛。

（2）使用防爆叉车码垛时钢瓶应平卧放置，安全帽朝向一方，底层垫牢。

（3）大钢瓶码垛高一层，小钢瓶码垛不超过四层。

（4）使用防爆叉车将卧放大铁桶竖起时应有专人指挥。

（5）使用防爆叉车将卧放大铁桶码垛两层以上时应有专人认可。

（6）托盘上的物品应压缝牢固，必要时用胶带加固。

第三节　物品搬运的优化

一、搬运作业优化的要点

搬运作业优化是仓库管理中的一个难点，也是最富创造性的、重要的管理活动。要优化搬运作业，必须先进行物品流转分析。

通过物品流转分析，可以确定需要搬运物品的种类和数量，搬运工作所服务的职能对搬运工作的频率、连续性、机动性等方面的要求，搬运作业的起止点及空间限制，不同作业的次序等；然后可以根据分析结果运用物品流转图等图表，以及线性规划、统筹性、排队论等数学方法，综合比较可以选用的不同方法和设施，求出最佳的决策方法。在比较选择过程中应力求做到以下几点。

（1）尽可能不搬运物品。

（2）尽可能减少人工搬运。

（3）尽可能以物品移动代替人的移动。

（4）"装载单位"的尺寸及重量尽可能大。

（5）尽可能利用物品的重力作用。

（6）通过减少交接时间尽可能减少使人员、设备的等待、闲置时间。

（7）尽可能消灭相向、迂回运输。

（8）尽可能使搬运作业与生产、供应、分发等合并。

（9）尽可能利用流水作业法。

（10）保证合理利用空间，特别是通道面积。

（11）尽可能经由较短的途径搬运较大的物品。

（12）尽可能利用租赁设备、搬运公司的服务代替自购设备。

选用合适的搬运设施，不仅对改善物品搬运工作的条件有重要意义，而且对提高生产率和降低搬运费用有着重要作用。

因此，库管员要分析研究各种搬运设备，如运送装置、车辆、起重装置、运输设施等的利弊，借以选择最经济合理的搬运设施。

二、减少搬运作业次数

搬运次数是指产品生产和流通过程中，发生搬运作业的总次数。对企业而言，在产品的生产过程中，从原材料进厂卸车到产成品入库待运，要发生若干次搬运作业。对社会物流而言，从产成品装车发运到直接进入消费，一般要经过若干环节，也要发生多次搬运。具体到任何一个物流据点，如物流中心、配送中心中转仓库等，在整个作业流程中，都要发生多次搬运作业。

优化搬运的重要手段之一，就是尽量减少搬运次数。减少搬运次数就意味着减少搬运作业量，从而减少搬运劳动消耗，节省搬运费用。同时，减少搬运次数，还能减少物品损耗、

第三节 物品搬运的优化

加快物流速度、减少场地占用和搬运事故。

影响搬运次数的因素很多,但主要有两个方面:一是物流设施和设备;二是作业组织与调度。

(一) 物流设施与设备的影响

厂房、仓库等建筑物的结构类型、结构特点及建筑参数,会对搬运次数产生直接影响。如厂房、仓库选择为地上、单层建筑,有足够的跨度和高度,库门尺寸与进出库机械设备的外廓尺寸相适应,搬运设备能自由进出,直接在车间或仓库内进行搬运,以减少二次搬运。

物流设备的类型与配套,对搬运次数也会产生影响。例如,选择灵活机动、适应性强、作业范围广、既能装卸又能搬运的叉车,配以托盘进行出入车间和出入库的作业,可减少搬运次数。又如,将动态电子秤安装在起重机上,在搬运作业的同时,就完成了检斤作业,省去了单独的检斤作业环节,从而减少了搬运作业次数。

(二) 组织调度的影响

在物流设施、设备一定的情况下,搬运作业组织调度工作水平是影响搬运次数的主要因素。例如,组织联合运输,使各种运输方式在不同运输具之间紧密衔接,在中途转运时卸车(船)与装车(船)一次完成,即物品不落地完成运输方式和运输工具的转换。又如,对到达车站、码头的物品,在可能的情况下,应尽量就站、就港直接中转发运,不必再进中转仓库。

对于工厂而言,减少搬运次数的途径主要是合理设计生产工艺流程,从原材料投入到生产完成形成流水作业线,增强各车间、各工段、各环节的生产连续性。对于物流据点而言,主要是组织一次性作业。所谓一次性作业是指在收货或发货过程中,从卸车(船)到入库码垛或从下垛到出库装车,一次连续完成,即物品不落地、无间歇。

三、缩短搬运距离

在车间,由于生产工艺的要求,原材料、半成品和产成品总要发生一定距离的水平位移。在仓库中,由于收发保管作业的要求,物品也要发生一定距离的水平位移。这种位移是通过搬运完成的。从优化搬运的角度看,其搬运距离应该越短越好。所以,缩短搬运距离,成为实现搬运的主要目标。其效果是节省劳动消耗、缩短搬运时间、减少搬运中的损耗。

影响搬运距离的主要因素是车间和仓库的平面布局与作业组织工作水平。

(一) 车间、仓库的平面布局的影响

如果车间、仓库、堆场、铁路专用线、主要通路的位置和相互关系处理得好,物流顺畅、便捷,就会缩短总的搬运距离,否则就会加大搬运距离。图6-3为某机械工厂的平面布局示意图。

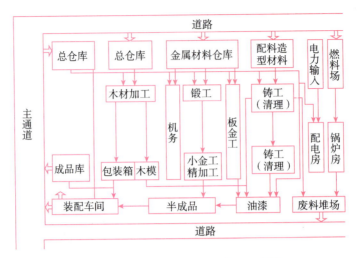

图 6-3 某机械工厂的平面布局示意图

从图 6-3 中可以看出，该厂的各种仓库都靠近厂内主要通路，原材料库靠近用料车间，燃料场靠近锅炉房，半成品库和成品库与装配车间相邻，这些都有利于缩短搬运距离。

（二）作业组织工作水平的影响

在平面布局一定的情况下，组织工作水平的高低是决定搬运距离的主要因素。例如，对库房、堆场的合理分配，对物品在库房内、堆场内的合理布置，对收货、发货时专用线股道及货位的合理确定等，都能缩短搬运距离。相反，如果这些问题处理不好，就会增加搬运距离。

四、提高搬运的灵活性

搬运的灵活性是指在搬运作业中，上一个作业环节必须为下一环节的物流活动提供便利，即所谓的"活化"。

被搬运物品的放置处于什么状态，对搬运作业的效率影响甚大。为了便于搬运，人们总是期望物品处于最容易被移动的状态。物品放置被移动的难易程度，称为活载程度，亦称活载性或活性。物品放置的活载程度一般分为 0、1、2、3、4 五个等级，0~4 五个数值称为活载性指数或活性指数。各个等级的物品放置状态如图 6-4 所示。

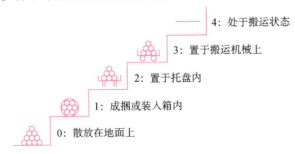

图 6-4 各个等级物品放置状态

第三节　物品搬运的优化

从图6-4可以看出，活性指数越高则物品越容易被移动。但是必须考虑到实施的可能性。例如，活性指数为4时，其物品放置在移动中的输送机上（处于搬运状态）；活性指数为3时，其物品放置在搬运机械（如搬运车）上。这在工厂的生产物流中有一定的实用价值，但对各类仓库而言，这两种状态则难以实现。而活性指数为2时，物品是置于托盘上的，具有广泛的实用价值。

五、实现搬运作业省力化

在搬运时应尽可能消除物品重力的不利影响，同时，尽可能利用重力进行搬运，以减少劳动力和其他能量的消耗。消除重力影响的简单例子，是在进行人力搬运时"持物不步行"，即物品的重量由台车、传送带等负担，人的力量只用于使载货车辆水平移动。利用重力搬运的实例很多，如将槽或无动力的小型传送带倾斜安装在货车、卡车或站台上进行物品搬运，使物品依靠重力完成搬运作业。

对于实现搬运作业省力化，我国企业也积累了很多经验，主要包括以下几方面。

（一）利用物体本身的重力

任何被移动的对象都会产生一定的重力，重力对物品的移动是一个不利因素，但搬运人员可将不利因素转化为有利因素，将重力转变为促使物品移动的动力。例如，对火车、汽车进行卸车时，利用力学斜面原理，使用滑板、滑槽等，靠物品在斜面上产生的水平分力，使其从高处降到低处，并产生一定的水平位移，完成物品的卸车作业。为了减少斜面的摩擦阻力，应选择摩擦系数小的光滑斜面，或变滑动摩擦为滚动摩擦，采用安装滚轮、辊柱或滚动轴承的斜面，并可通过调节斜面的倾角，控制物品的下滑速度。这种方法不需要复杂的设备，也不消耗能源，可大大减轻作业人员的劳动强度，达到省力的目的。

（二）缩小垂直位移

物品搬运车辆，主要是产生以垂直为主的位移。为了达到省力的目的，应设法尽量缩小物品在垂直方向上所产生的位移。例如，可使存放物品的地面与运输车辆的车底保持在同一水平面，这样就可以减少相当于车辆高度的一段垂直位移，搬运人员可直接进入车内进行作业。为了达到缩小垂直位移目的，可在库边设站台或开挖地沟，使车底与库边站台地面和库内地面平齐。

（三）减轻搬运阻力

在物品搬运过程中，搬运人员必须克服由于物体的重力所产生的阻力，而为了达到省力的目的，就要设法将这种阻力减至最小。例如，用人力手搬、肩扛搬运物品，完全由人的体力去克服物品的全部重力。如果使用人力搬运车辆，则只需要人力去克服车辆行走时滚动摩擦阻力就可以了。若在车轴上安装轴承，还会更加省力。所以小型人力搬运车在一定范围内的使用，是达到省力化的一个重要途径。

（四）进行劳动动作分析

劳动动作分析的基本思想是，对从事某一项作业的若干作业人员，在作业时所发生的手、脚及其他身体部位的各种动作（即劳动姿态）进行观察、分析、研究和比较，去掉多余的动作，把必要的和有效的动作高效地组合起来，编排成标准动作系列，同时设计制造相应的工具，提供必要的作业场所和作业环境。

在制定动作标准时，应遵循使人体的基本动作最经济的原则：①尽可能减少不必要的动作；②动作距离要尽可能短；③动作轨迹应尽可能圆滑；④动作引起的疲劳应尽可能轻；⑤作业尽可能有节奏和旋律等。这些原则也适用于对搬运动作的分析和动作标准的制定。

六、选好搬运机械

搬运机械化是提高搬运效率的重要环节。搬运机械化程度一般分为三个级别：第一级是用简单的搬运器具；第二级是使用专用的高效率机具；第三级是依靠电脑控制，实行自动化、无人化操作。采用何种级别的搬运机械化水平，不仅要从是否经济合理来考虑，还要从加快物流速度、减轻劳动强度和保证人与物的安全等方面来考虑。

搬运机械的选择必须根据搬运的物品的性质来决定。例如，以箱、袋或集装包装的物品可以采用叉车、吊车、货车搬运，散装粉粒体物品可使用传送带搬运，散装液体物可以直接向装运设备或储存设备装取。

七、选好搬运方式

在搬运过程中，必须根据物品的种类、性质、形状、重量来确定搬运方式。在搬运时，对物品的处理大体有三种方式：①分块处理，即对普通物品逐个进行搬运；②散装处理，即对粉粒状物品不加小包装而进行的原样搬运；③单元组合处理，即物品以托盘、集装箱为单位进行组合后的搬运。

实现单元组合，可以充分利用机械进行操作，其优点如下：①操作单位大，作业效率高；②能提高物流"活性"；③操作单位大小一致，易于实现标准化；④搬运不触及物品，对物品有保护作用。但这种搬运方式并不是对所有物品都适用的。

八、选好搬运作业方法

搬运是仓库作业中重要的一环。合理分解搬运活动，对于改进搬运各项作业、提高搬运效率有着重要的意义。例如，采用直线搬运，减少物品搬运次数，使物品搬运距离最短；避

免搬运流程的"对流""迂回"现象；防止人力和搬运设备的停滞现象，合理选用搬运机具、设备等。又如，在改进作业方法上，尽量采用现代化管理方法和手段，如排队论的应用、网络技术的应用、人-机系统的应用等，以实现搬运的连贯、顺畅、均衡。

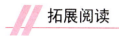 拓展阅读

腐蚀性物品搬运注意事项

（1）散落在车内或地面的腐蚀品应以沙土覆盖或海绵吸收后，用清水冲洗干净。

（2）装过酸、碱的容器不得胡乱堆放。

（3）作业前应准备充足的清水，以便人员、车辆、工具等受到腐蚀时可以及时得到冲洗。

（4）装卸石灰时，应在石灰上放置垫板，不准在雨中作业，严禁将干石灰和湿石灰混装在一起。

第七章

仓库安全卫生管理

仓库安全卫生管理是仓库管理的基础和前提。仓库安全卫生管理的主要内容有安全作业管理、仓库消防管理、仓库治安管理、仓库卫生管理。

知识目标

- 了解安全作业意识的内容
- 了解仓库消防知识、常见消防器材
- 了解人员治安管理、物品安全管理和仓库防盗的内容
- 了解仓库管理 5S 问题分析、执行目的

技能目标

- 掌握安全操作规程
- 掌握报警和灭火方法
- 掌握仓库 5S 的执行要领

第一节　安全作业管理

知识导图

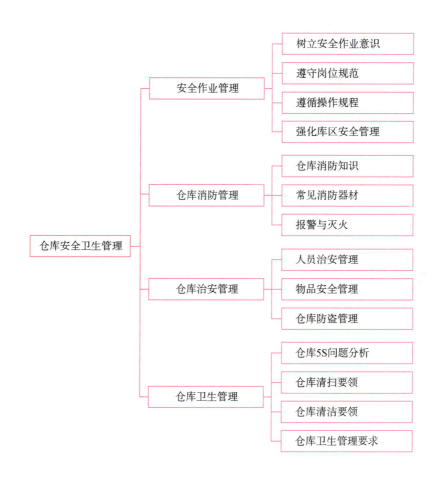

引导案例

天津汉沟仓库火灾事故

1988年12月9日18：00～19：50，天津市北辰区双街乡小街村装卸队在市化工轻工业公司汉沟仓库内，为该库往火车皮内装纯碱。装车任务完成后，装卸工陈某某站在库区老罩棚西侧的第一个精萘（易燃化工原料）垛的东北角下吸烟，而后在给火车皮盖苫布过程中，陈某某又站在该原料垛垛顶上吸烟，并遗留下火种。当晚23：00左右，陈某某遗留在垛顶的火种在苫布上长时间阴燃后，燃到苫布簇拥处时热量积聚，随之出现明火，迅速将精萘引燃，导致特大火灾事故。大火烧毁库房3栋（建筑面积6 000平方米）及精萘、纯碱、橡胶、树脂等化工轻工原料以及天津市渤海啤酒厂代存在该库的引进啤酒灌装生产线，造成直接经济损失1 347万元。

145

第一节　安全作业管理

一、树立安全作业意识

为使仓库能安全地进行作业，树立安全作业意识是非常重要的。库管员应该做好以下工作。

（一）强化安全意识

库管员应主动接受安全作业方面的培训，使自己从思想上重视安全作业。同时，通过提高仓储设备的技术水平，减少人工直接装卸、搬运。更多地采用机械设备和自动控制装置，是提高作业安全的最有效的方法。例如，现代自动化立体仓库的使用使作业的安全性大大提高。

（二）提高操作技能

作业技术水平的提高，可以有效降低事故的发生。因此，库管员要接受企业提供的岗位培训和技能考核，这样既能提高企业的生产效率，又能提高库管员自身劳动的安全性。

（三）认真执行安全规程

仓库作业的安全操作规程，是经过实践检验的、能有效减少事故发生的规范化的作业操作方法，因此，库管员应严格执行操作规程，并对不按照安全操作规程的行为进行严肃处理。

二、遵守岗位规范

（一）遵守岗位规范

库管员要严格遵守岗位规范，做好自己的本职工作。

（1）遵守作息时间。库管员必须严格遵守仓库安全制度，坚守岗位，工作时间不得随意离开仓库。有事外出时，必须请假，获得批准后方可离开。

（2）遵守检查制度。库管员应熟悉出入仓库人员的证件和物品出库手续，并严格按照制度进行检查，对外来人员、车辆进行登记；对物品出库凭证及出库物品进行详细核对；对仓库安全进行定期检查，并详细记录检查情况。

（3）保护仓库安全。库管员还要熟悉仓库附近的社会情况和地形情况，当发现行窃、破坏等不法行为时，应及时进行打击，做到心中有数、临危不乱。

(二) 做到文明上岗

库管员除了要履行自己的主要职责外，还要严格遵守所在岗位的文明规范。

(1) 当班必须着装整齐、统一标志、仪容整洁、坚守岗位。

(2) 当班必须热情服务、举止文明、礼貌待人、语言规范。

(3) 文明站岗执勤，及时指挥车辆、人员的进出，保持仓库通道畅通，停车摆放整齐。

(4) 保持仓库的干净、清洁，生活用品（茶杯、毛巾等）应放置整齐，周围环境应整洁有序。

(5) 仓库内不得放置无关物品，无关人员不得随意进入。

三、遵循操作规程

(一) 起重驾驶安全

随着仓库的机械化、自动化程度日益提高，为避免在使用机械设备过程中发生事故，起重驾驶人员需采取一系列安全技术措施，并遵循安全技术操作规程。库管员应特别重视起重运输机械的安全工作。

1. 起重驾驶人员的要求

操作起重运输机械的驾驶人员，必须经过专门技术培训，经有关部门考核合格后持证上岗。驾驶人员应熟悉起重机械的结构和性能，懂得保养方法，严格遵守安全技术操作规则。在开启运输机械设备前，应对其零部件进行检查，如发现问题，及时修复后才能使用。

2. 巷道式堆垛起重机的安全装置

巷道式堆垛起重机在又高又窄的巷道内快速运行，对于操作安全必须特别重视。除了一般起重机常备的一些安全保护装置和措施，如各种机构的终点限位开关、缓冲器、紧急停车、电机过电流保护和过热保护、控制回路的零位保护等，还应根据实际需要，增加以下几种安全保护措施。

(1) 货叉与运行、起升机构的连锁：当进行堆垛和高速升降时，堆垛机的运行和高速升降电路要闭锁。

(2) 入库时要进行货物虚实探测：自动堆垛机到某货格进行入库作业时，应在伸叉存入货物之前，先探测该货格内有无货物，以防双重入库，造成事故。探测器可以是反射式光电开关，也可以是机械式探杆。若探测结果为货格内已有货物，则应停止入库作业，并发出"双重入库"的报警信号。

(3) 行程开关性能良好：钢丝绳、松绳过载时，弹簧变形过大，均会碰压行程开关，

第七章 仓库安全卫生管理

发出报警信号，使堆垛机停止运作；也可用压力传感器和电子线路代替行程开关作为负载限制器。

（4）载货台断绳保护：钢丝绳一旦断裂，载货台连同司机室就会自由下落，这时保护装置的安全挂钩和楔块动作迅速把载货台夹住在立柱导轨上。

（5）声光信号：堆垛机开动前，应先用电铃或闪光灯发出信号，以警告机上或巷道内的检修人员及过往行人。

除此以外，操作人员还要设置巷道端头强迫换速、起升机构超速下降保护的超越限制器，货台上货物不正报警等多种安全设施。

（二）仓库电器设备安全

（1）各种用电系统的设计、用电装置的选择和安装，都必须符合相关的技术规范或规程。

（2）经常检查电器线路有无破损、漏电现象，以及电线是否有年久失修现象。

（3）电源开关安装的位置离地面应大于1.5米。灯泡离地面应大于2米，与可燃物间的距离应大于50厘米。灯泡正下方，不准堆放可燃物。

（4）仓库内的灯泡严禁用纸、布或其他可燃物遮挡。仓库内可使用60瓦以下灯泡，不准用日光灯及60瓦以上的灯泡，最好用防爆灯。

（5）库房内禁止私拉乱接电线。

（6）库房内不准设置移动式照明灯具，必须使用时需报消防部门批准，并有安全保护措施。

（7）库房内铺设的配电线路，需穿金属管或用非燃性硬塑料管保护。

（8）库房内不准使用电炉、电烙铁、电熨斗、电热杯等电热器具和电视机、电冰箱等家电用品。对使用电刨、电焊、电锯、各种车床的部门要严格管理，必须制定安全操作规程和管理制度，并报消防部门批准，否则不得使用。

（9）仓库电器设备的周围和架空线路的下方，严禁堆放物品。对输送机、升降机、吊机、叉车等机械设备易产生火花的部位和电机、开关等受潮后易出现短路的部位要设置防护罩。

（10）仓库必须按照国家有关防雷规定设置防雷装置，并定期检测，保证有效；对影响防雷装置效应的高大树木和障碍物，要按规定及时清理。

> ☞ **小贴士**
>
> 仓库的电器设备，必须由持合格证的电工进行安装、拆检、修理和保养。电工要遵守各项电气操作规程，严禁违章作业。

四、强化库区安全管理

(一) 仓储控制区安全管理

(1) 仓储控制区是库区重地,应严格安全管理。控制区周围设置高度大于 2 米的围墙,上置钢丝网,网高 1.7 米以上,并设置电网或其他屏障。控制区内道路、桥梁、隧道等通道应畅通、平整。

(2) 控制区出入口,设置日夜值班的门卫,对进出人员和车辆进行检查和登记,严禁携带易燃易爆物品和火源进入。

(3) 控制区内严禁进行危及物品安全的活动(如吸烟、鸣枪、烧荒、爆破等),未经上级部门的批准,不准在控制区内进行参观、摄影、录像或测绘。

(二) 库房的安全管理

(1) 经常检查库房结构情况,对于地面裂缝、地基沉陷、结构损坏,以及周围山体滑坡、塌方,防水防潮层和排水沟堵塞等情况应及时维修和排除。

(2) 库房钥匙应集中存放在仓库控制区门卫值班室,实行业务处、门卫值班和库管员三方控制。库管员领取钥匙要办理手续,下班后即交回注销。对于存放易燃易爆、贵重物品的库房,要严格执行两人分别掌管钥匙和两人同时进库的规定。有条件的库房,应安装安全监控装置,并认真使用和管理。

(三) 物品搬运安全管理

(1) 仓库机械应实行专人专机,建立岗位责任制,防止丢失和损坏,操作人员应做到会操作、会保养、会检查、会排除一般故障。

(2) 根据物品尺寸、重量、形状来选用合理的装卸、搬运设备,严禁超高、超宽、超重、超速以及其他不规范操作。不能在库房内检修机械设备。搬运设备在狭小通道、出入库房或接近物品时应限速鸣笛。

第二节 仓库消防管理

一、仓库消防知识

(一) 火灾产生的条件

在仓库管理过程中,能引起火灾的火源很多,一般分为直接火源和间接火源两大类。

1. 直接火源

直接火源主要有以下三种：

（1）明火，指生产或生活用的炉火、灯火、焊接火，以及火柴、打火机的火焰和未熄灭的香烟头等。

（2）电火花，指电气设备产生的电火花，它能引起可燃物质起火。

（3）雷电，是瞬间的高压放电，能引起任何可燃物质的燃烧。

2. 间接火源

间接火源主要有以下两种：

（1）加热引燃起火，如棉布、纸张靠近灯泡，木板、木器靠近火炉烟道，容易被烤焦起火等。

（2）物品本身自燃起火，指在既无明火又无外来热源的条件下，物品本身自行发热，燃烧起火。

（二）仓库中的常见火险隐患

1. 电气设备方面

（1）电焊、气焊违章作业，没有消防措施。

（2）用电超负荷。

（3）违章使用电炉、电烙铁、电热器等。

（4）使用不符合规格的保险丝和电线。

（5）电线陈旧，绝缘体破裂。

2. 储存方面

（1）不执行分区分类，易燃易爆等危险品存入一般库房。

（2）储存场所温度、湿度超过物品规定极限。

（3）库区内的灯距不符合要求。

（4）易燃液体挥发渗漏。

（5）可自燃物品堆码过实，通风、散热、散潮不好。

3. 机具方面

（1）无防护罩的汽车、叉车、吊车进入库区或库房。

（2）使用易产生火花的工具。

（3）在仓库内停放、修理汽车。

（4）用汽油擦洗零部件。

（5）叉车内部皮线破露、油管老化且漏油。

4. 火种管理方面

（1）外来火种和易燃品检查不严，进入库区。

(2) 在库区吸烟。

(3) 库区擅自使用明火。

(4) 炉火设置不当或管理不严。

(5) 易燃物未及时清理。

二、常见消防器材

消防器材主要是各种类型的灭火器、沙箱、大小水罐（桶）、斧、钩、锹等。

库管员应当根据物品性质，正确配置灭火器、消防器材和扑救方法，以便有效地防止火灾事故的扩大和蔓延。

（一）水

水是仓库消防的主要灭火剂。水在灭火时有显著的冷却作用，使某些物质的分解反应趋于缓和，并能降低某些爆炸品的爆炸能力；当水形成柱形时，会有一股冲击力破坏燃烧结构，把火扑灭。水还可以冷却附近其他易燃物质防止火势蔓延。

但是水能导电，对电气装备不能用水来灭火，也不能用于对水有剧烈反应的化学危险品（如电石、金属钾、保险粉等）的灭火，更不能用于比水轻、不溶于水的易燃液体（如汽油、苯类物品）的灭火。

（二）沙土

沙土是一种廉价的灭火物质。将沙土覆盖在燃烧物上，可以隔绝空气，从而使火熄灭。沙土可以扑救酸碱性物品的火灾，以及过氧化剂及遇水燃烧的液体和化学危险品的火灾。但要注意，爆炸性物品（如硫酸铵等）不可用沙扑救，而要用冷却水、旧棉被或旧麻袋，即用水浸湿覆盖在燃烧物上。

（三）灭火器

灭火器是一种轻便、易用的消防器材。灭火器的种类较多，有泡沫灭火器、二氧化碳灭火器、干粉灭火器等。不同灭火器的用途有所不同，库管员灭火时应视具体情况正确选用，具体如下：

(1) 泡沫灭火器适用于扑救汽油、煤油、柴油、苯、香蕉水、松香水等易燃液体的火灾。在扑救电气火灾时，应先切断电源。提取灭火器时要注意筒身不宜过度倾斜。

(2) 二氧化碳灭火器对扑灭电气、精密仪器、电子设备、珍贵文件小范围的油类等发生的火灾最适宜，但不宜用于金属钾、钠、镁等的灭火。

(3) 干粉灭火器具有无毒、无腐蚀、灭火速度快的优点，适用于扑灭油类、可燃气体、电气设备等的火灾。

（四）自动消防设备

常见的自动消防设备有离子烟感火灾探测报警器、光电烟感报警器、温感报警器、紫外火焰光感报警器、红外火焰光感报警器和自动喷洒灭火装置等。

三、报警与灭火

（一）报警

消防工作实践证明，报警晚是酿成火灾的重要原因之一。仓库应配备准确可靠的报警系统，一旦仓库中某处发生火情，报警装置能及时准确地报警，仓库保卫部门就能迅速报告消防队和通知全体仓库员工，以便及时组织扑救，避免火势的蔓延。

不管火势大小，只要发现失火，就应立即报警。报警越早，损失越小，报警后应有人到路口迎接消防车指引至火灾现场。火灾报警内容如下：

（1）发生火灾的详细地址，包括街道名称、门牌号码。高层建筑要讲明第几层楼等，设在乡村的仓库发生火灾要讲明县名、乡（镇）名、村庄名等。

> ☞ 小贴士
>
> 仓库在起火之后的十几分钟内是一个关键时刻，关系到能否将火扑灭，不酿成大火。

（2）起火物。库房着火应讲明为何种建筑物，如砖木结构、钢筋水泥结构高层货架仓库等；尤其应讲明起火物是何物，如液化石油气、汽油、化学试剂、棉花等，以便消防部门根据情况派出相应的灭火车辆。

（3）火势情况。如是否冒烟、有火光，火势猛烈程度，有多少房屋着火等。

（4）联系方式。报警人要报明自己的电话号码、姓名，以便联系。

（二）灭火

通常采用的基本灭火方法有以下几种。

1. 冷却灭火法

冷却灭火法是一种基本灭火方法，将灭火剂直接喷洒在可燃物上，使可燃物的温度降到自燃点以下，从而使其停止燃烧，如用水、酸碱灭火器、二氧化碳灭火器灭火。

2. 拆移灭火法

拆移灭火法又称隔离灭火法，是将燃烧物与附近可燃物质隔离或疏散开，从而使燃烧停止。例如，将火源附近的易燃易爆物品转移到安全地点；关闭设备或管道上的阀门，阻止可燃气体、液体流入燃烧区；拆除与火源相毗邻的易燃建筑结构，建立阻止火势蔓延的空间地带等。

3. 窒息灭火法

窒息灭火法即采用适当的措施，使燃烧物与氧气隔绝。火场上运用窒息法扑救火灾时，可用湿棉被、湿麻袋、沙土、泡沫等不燃或难燃材料覆盖燃烧物或封闭孔洞；将水蒸气、惰性气体（二氧化碳、氮气等）充入燃烧区域；或用水淹（灌注）的方法进行扑救。

4. 抑制灭火法

将化学灭火剂喷入燃烧区参与燃烧反应，终止连锁反应而使燃烧停止。采用这种方法可使用的灭火剂有干粉和卤代烷灭火剂。灭火时，将足够数量的灭火剂准确地喷射到燃烧区内，使灭火剂阻止燃烧反应。同时还需采取必要的冷却降温措施，以防复燃。

（三）危险品火灾的扑救

危险品的消防工作有其特殊的要求，其火灾的扑救工作也有特殊的方法。

（1）爆炸品引起的火灾主要用水扑救，氧化剂起火大多数可用雾状水扑救。另外，也可以使用二氧化碳灭火器、泡沫灭火器和沙土扑救该两种火灾。

（2）易燃液体用泡沫灭火器最有效，也可用干粉灭火器、沙土、二氧化碳灭火器扑救。由于绝大多数易燃液体比水轻，且不溶于水，故不能用水扑救。

（3）易燃固体，一般可用水、沙土和泡沫灭火器、二氧化碳灭火器等扑救。

（4）毒害性物品失火，一般可用大量水扑救，液体有毒的宜用雾状水或沙土、二氧化碳灭火器。但氰化物着火，绝不能使用酸碱灭火器和泡沫灭火器，因为酸与氰化物作用能产生剧毒气体，危害极大。

（5）腐蚀性物品中，碱类和酸类的水溶液着火可用雾状水扑救，但遇水分解的多卤化合物、氯碘酸、发烟硫酸等，绝不能用水扑救，只能用二氧化碳灭火器施救，有的也可用干砂灭火。

（6）遇水燃烧物品，只能使用沙土和二氧化碳灭火器灭火。自燃性物品的起火，可用大量水或其他灭火器材。压缩气体起火，可用沙土、二氧化碳灭火器、泡沫灭火器扑灭。放射性物品着火，可用大量水或其他灭火剂扑灭。

（四）灭火器的摆放

仓库在配置灭火器时，应该注意以下问题：

（1）库管员配置灭火器时，应充分考虑仓库的火灾危险等级，选用适当灭火级别的灭火器。通常仓库应按每100平方米为一个单位计算，每栋库房不得少于两个灭火器。

（2）室内灭火器应摆放在明显的地方，并做出明确的标识。

（3）室外灭火器应悬挂在仓库外面的墙上，离地面高度不超过1.5米。

（4）灭火器也可存放于灭火器箱内，起到被保护和美观的作用。

（5）灭火器的放置地点要远离取暖设备，并防止阳光直射。

（五）保养灭火器

（1）库管员要做好灭火器的保养工作，每年至少应对灭火器进行一次维护检查，以保证火灾发生时灭火器能够正常使用。

（2）更换灭火剂。定期检查灭火剂是否有效，发现其失效后应立即更换。灭火器使用后也应及时添加灭火剂。

（3）清洁灭火器。灭火器的喷嘴要经常疏通，或套以纸罩，以防尘土、污物的堵塞。大型灭火器的皮管要经常检查，以防止昆虫和污物的侵入。

（4）报废灭火器。灭火器是有使用期的，超出使用期、失去效用的灭火器没有灭火作用。到达报废年限的灭火器必须做报废处理。报废的灭火器，应在筒身或瓶体上打孔，并且用不干胶贴上"报废"的明显标志。

第三节　仓库治安管理

一、人员治安管理

仓库治安管理应加强人员安全管理，包括内部人员安全管理和外部人员安全管理两个方面。

（一）内部人员安全管理

仓库内部人员的安全管理，通常是以严格的规章制度来进行约束的。同时，企业的各级行政部门应对本部门所辖人员进行安全宣传教育，一旦出现问题，则由保卫部门配合行政部门解决。

（二）外部人员安全管理

库管员对外部人员的安全管理，主要是指对驻库员、提送货人员、联系业务的工作人员、临时工等的管理。

（1）驻库员是经仓库同意，由厂方或业务往来单位派驻仓库，处理日常业务事务的代表。仓库发给驻库员出入证，在治安管理方面视同仓库职工。

（2）提送货人员要进库办理业务，必须向门卫出示提送货凭证，门卫要做好入库登记，收存入库证，指明提送货地点。提送货人员一般不得进入库房，需要进入库房时，要经库管员同意，并佩挂入库证，由库管员陪同出入。

> **小贴士**
>
> 业务办理完毕后，提送货人员离开仓库时要交还入库证；对于随身带出的物品要向门卫递交出门证，经门卫查验无误后，方可离开。

(3) 联系业务的工作人员进仓库，须持身份证和单位介绍信，做好登记。

(4) 仓库临时工一般由人事部门负责管理。临时工工作现场应由正式员工带领，并负责其安全。

(5) 对来库探亲访友人员，严禁在仓库生产区接待。

二、物品安全管理

(一) 一般物品安全管理

物品储存要分区分类，不同类型物品不能混存。物品在库储存，要有专人负责，库管员要经常检查。

(二) 特殊物品安全管理

特殊物品是指稀有贵重金属材料及其成品、珠宝玉器及其他贵重工艺品、贵重药品、仪器、设备、化工危险品、特需物品等。储存此类物品，除要遵循一般物品的管理制度和公安部门的管理规定，还要根据这些物品的性质和特点制定专门的储存管理办法。其主要内容如下：

(1) 设专库（柜）储存。储存场所必须要符合防盗、防火、防爆、防破坏等条件，根据情况可以安装防盗门、监视器、报警器等装置。外部人员严禁进入库房。

(2) 保管特殊物品要指定有业务技术专长的人员负责，并且必须是两人以上，一人无收发权。

(3) 要坚持严格的审批、收发、退货、交接、登账制度，预防在储存运输、装卸、堆码、出入库等流转过程中发生丢失或错收错发事故。

(4) 特殊物品要有特殊的保管措施，要经常进行盘点和检查，以保证账物相符。

(5) 对过期失效和报废的易燃、易爆、剧毒、腐蚀、污染、放射性等物品，要按照公安部门和环保部门有关规定进行处理和销毁，不得随意处置。

三、仓库防盗管理

仓库防盗管理包括防内盗管理与防外盗管理两部分。

(一) 防内盗管理

仓库内盗的主要原因是人员素质与监督措施的缺失。要消除内盗必须从以下两个方面入手：

(1) 提高仓库人员自身素质，开展素质培训，明确工作责任，消除管理盲点，用文明的环境感化人的意识、思维和行为。

(2) 强化监督措施，如增加监督设施、提升监管水平、定时进行业务盘点、开展有奖举报等。

(二) 防外盗管理

仓库外盗的主要原因是仓库管理措施不得力,管理方式存在漏洞,要消除外盗必须从以下两个方面着手。

(1) 加大管理力度,严格管理制度,提升奖惩幅度,实行主要领导负责制管理等。

(2) 消除管理方式的漏洞就是要改善管理工作中的弊端,如增设保安人员、更新监控系统、开展巡逻等。

第四节 仓库卫生管理

一、仓库 5S 问题分析

为了在仓库彻底执行 5S(seiri,整理;seition,整顿;seiso,清扫;seiketsu,清洁;shitsuke,素养),就有必要对仓库的问题进行分析,以便采取相应的对策。表 7-1～表 7-7 所列是仓库 5S 问题点,以供参考。

表 7-1　物品管理 5S 问题点

序号	5S 不良现象	危害
1	物品乱堆放	可能造成损坏和引起通道不畅
2	物品没有标志	可能造成误用或错取
3	物品上有灰尘	可能影响物品品质
4	物品堆积过高	物品有跌落的危险
5	物品没有定位	增加寻找物品的时间
6	物品包装破损	可能造成物品损坏
7	无用物品未处理	占用场地,增加管理难度

表 7-2　安全管理 5S 问题点

序号	5S 不良现象	危害
1	安全隐患多	可能造成火灾或事故
2	灭火装置配置不合理	出现灾害或事故时,可能造成应急措施的延误
3	安全通道不畅	
4	消防设备维护不好	
5	应急措施不明确	
6	有不安全设备	可能造成工伤事故
7	有不安全作业	

第四节 仓库卫生管理

表 7-3 员工精神面貌 5S 问题点

序号	5S 不良现象	危害
1	员工无精打采	效率低
2	员工穿戴不整齐	影响美观和士气
3	员工抱怨多	影响工作积极性,效率低
4	员工无所事事	影响公司形象和生产效率
5	员工之间没有问候	影响士气
6	员工不按标准作业	容易造成品质不良和引起安全事故

表 7-4 区域管理 5S 问题点

序号	5S 不良现象	危害
1	区域规划混乱	影响效率和形象
2	区域内有垃圾灰尘	影响品质或公司形象
3	区域管理责任不明	
4	区域内乱张贴	
5	区域没有画线标志	
6	墙面、地面破损脏污	影响公司形象和员工士气
7	门窗桌椅等破损	

表 7-5 工作环境 5S 问题点

序号	5S 不良现象	危害
1	空气不流通	危害员工身体健康
2	温度、湿度过高	影响员工健康或产品品质
3	粉尘、气味、噪声问题严重	
4	采光或照明不好	
5	地面、楼面振动	影响品质和建筑物安全
6	更衣室、休息室、厕所脏乱	影响公司形象和员工士气
7	员工没有休息场所	

表 7-6 作业 5S 问题点

序号	5S 不良现象	危害
1	无谓走动多	作业效率低
2	无谓搬动多	
3	作业停顿多	
4	弯腰、曲背、垫脚作业多	作业效率低,工作强度高
5	转身角度过大	
6	困难作业多	
7	不规范作业多	容易造成品质不良和引起安全事故

第七章 仓库安全卫生管理

表 7-7 设备管理 5S 问题点

序号	5S 不良现象	危害
1	设备上有灰尘	影响形象，易造成设备故障
2	设备油漆脱落	
3	设备上乱张贴	
4	无用设备未处理	占用空间，造成浪费
5	设备故障未修复	造成设备损坏，降低使用寿命
6	点检标准等不明确	易造成设备不良
7	设备有安全隐患	可能引起事故

二、仓库清扫要领

（一）清扫活动或要点

进行清扫的主要活动或要点如下：

（1）对区域、设备进行彻底的清扫。

（2）责任到人、保证无清扫盲区。

（3）做到无垃圾、无污垢。

（4）强化对发生源的处理和对策。

（二）清扫的准备工作

1. 安全教育

对员工做好清扫的安全教育，对可能发生的事故（触电、挂伤碰伤、涤剂腐蚀、尘埃入眼、坠落砸伤、灼伤）等不安全因素进行警示和预防。

2. 设备基本常识教育

对员工做好为什么会老化、会出现故障，用什么样的方法可以减少人为劣化因素，如何减少损失等教育方面的培训教育。

3. 了解机器设备

通过学习设备的基本构造，员工了解机器工作原理，能绘制设备简图；对出现尘垢、漏油、漏气、振动、异音等状况的原因进行解析，使员工对设备有一定的了解。

4. 技术准备

指导及制定相关指导书，使员工明确清扫工具、清扫位置、加油润滑基本要求，以及螺钉卸除紧固方法及具体步骤等。

（三）扫除工作位一切垃圾、灰尘

（1）作业人员动手清扫而非由清洁工代替。

(2) 清除长年堆积的灰尘、污垢，不留死角。

(3) 将地板、墙壁、天花板，甚至灯罩的里边打扫干净。

（四）清扫点检机器设备

(1) 设备本来是一尘不染、干干净净的，所以员工每天都应恢复设备原来的状态，而这一工作是从清扫开始的。

(2) 不仅设备本身，连带其附属、辅助设备也要清扫（如分析仪、气管、水槽等）。

(3) 对于容易发生跑、冒、滴、漏的部位要重点检查确认。

(4) 对于油管、气管、空气压缩机等不易发现和看不到的内部结构要特别留心注意。

(5) 一边清扫，一边改善设备状况，把设备的清扫与点检、保养、润滑结合起来。

（五）整修在清扫中发现有问题的地方

(1) 地面凹凸不平，搬运车辆走在上面会让产品摇晃碰撞，导致品质问题发生，连员工也容易摔倒，这样的地面要及时整修。

(2) 对松动的螺栓要马上加以紧固，补上不见的螺钉、螺母等配件。

(3) 对需要防锈保护或需要润滑的部位，要按照规定及时加油保养。

(4) 更换老化或破损的水管、气管、油管。

(5) 清理堵塞了的管道。

(6) 调查跑、滴、冒、漏的原因，并及时加以处理。

(7) 更换或维修难以读数的仪表装置。

(8) 添置必要的安全防护装置（如防压鞋、绝缘手套等）。

(9) 及时更换绝缘层已老化或被老鼠咬坏的导线。

（六）查明污垢的发生源

即使每天进行清扫，油渍、灰尘和碎屑还是四处遍布，则须查明污垢的发生源，从根本上解决问题；列出污垢发生源的明细清单，按计划逐步改善，从根本上灭绝污垢。

（七）实行区域责任制

清扫应该进行区域划分，实行区域责任制，责任到人，不可存在没人清扫的死角。

（八）制定相关清扫标准

制定相关清扫标准，明确清扫对象、方法、重点、周期、使用工具、责任人等项目，保证清扫质量，促进清扫工作的标准化。

三、仓库清洁要领

（一）对推进组织进行教育

将5S的基本思想向全体员工进行必要的教育和宣传，这是非常重要的。

(二) 整理、区分工作区的必需品和非必需品

经过了必要的教育，就应该带领组员到现场，将日前所有的物品整理一遍，并调查它们的使用周期，将这些物品记录起来，再区分必需品和非必需品。

(三) 向作业者进行确认说明

区分必需品和非必需品时，应先向作业者询问和确认，并说明一些相关的事情。

(四) 撤走各岗位的非必需品

应该将非必需品从岗位上撤走，而且要迅速地撤下来，决不能以"等明天"的心态对待。

(五) 规定必需物品的摆放场所

现场的必需物品该怎样摆放？是否阻碍交通？是否方便作业者操作拿取？必须根据实际条件、作业者的作业习惯、作业的要求，合理地规定摆放必需品的位置。

(六) 规定摆放方法

摆放场所规定后，必须确认一下摆放的高度、宽度及数量，以便于管理，并将这些规定形成文件，以便日后改善、整体推进和总结。

(七) 进行标示

所有的工作都做了，有必要做一些标志，以标示规定的位置、规定的高度、规定的宽度和数量。

(八) 将放置方法和识别方法对作业者进行说明

（1）将规定下来的放置方法和识别方法交给作业者，将工作从推进人员移交给作业者日常维护。

（2）在说明时必须注意原则性的问题。有些作业者开始会有些不太适应或自认为不对，但对于有必要实行的规定，一定要让其实施。可告诉其在实施的过程中可以提出意见，改善这个规定，但是不能擅自取消。

（3）对基本要求必须实施强制手段，在完善改进的领域里可以采取民主的方式，强制加民主的方式可以让工作走向更好。

(九) 清扫并在地板上画出区域线，明确各责任区和责任人

各区域必须划分责任区和明确责任人。只有规定了责任范围和责任人，工作才能贯彻下去。

四、仓库卫生管理要求

(一) 物品卫生管理要求

物品卫生管理要求包括以下几个方面：

(1) 用栈板码放物品，以防物品受潮。

(2) 物品码放时不得紧贴墙壁，至少留有 5 厘米的空隙。

(3) 防鼠、防蟑螂等设备应齐全，定期做灭害工作。

(4) 洗衣粉、清洁剂等日化物品，不得与食品类物品存放在一起，以防污染。

(5) 仓库应保持良好的通风，温度不宜过高，否则会导致商品变质。

（二）个人卫生管理要求

个人卫生管理要求包括以下几个方面：

(1) 收货员在工作前应穿着工装，并保持干净。

(2) 指甲要剪短，不要涂指甲油或佩戴饰物。

(3) 患有皮肤病、手部有创伤、脓肿者或患有传染疾病者不得接触生鲜食品；不得随地吐痰。

（三）设备卫生管理要求

(1) 每天清洗并擦干净电子秤。

(2) 做到防水、防晒、防潮。

(3) 每天清洗叉车和空板。

☞ **注意事项**

(1) 仓库内必须留有通道，以保证物品进出通畅。

(2) 特殊、贵重物品的库房须有上锁的门，并有专人管理。

(3) 物品码放时不得紧贴墙壁，至少留有 5 厘米的空隙。

拓展阅读

灭火器材的使用

仓库中主要灭火器材的使用方法如下：

1. 干粉灭火器的使用

这种灭火器使用的灭火材料是干粉和二氧化碳，类型有手提式和推车式两种，使用方法如下：

(1) 手提式。使用手提式灭火器灭火时，应先拔去保险销，一只手握住喷嘴，对准火苗根部，另一只手提起提把，然后拉起拉环或压下压把，即可喷射。灭火时要保持灭火器直立，不可水平或颠倒使用。

(2) 推车式。使用推车式灭火器灭火时，使用前首先要颠倒数次，使干粉松动，然后取出喷管，伸展软管，再用双手紧握喷管，用力压紧喷枪开关，随后拉出保险销，将手柄推到垂直位置或提起提环，对准火焰根部喷射推进。

2. 二氧化碳灭火器的使用

这种灭火器同样有手提式和推车式两种，其使用方法如下：

（1）手提式。用右手拔去保险销，下按压把即可灭火。

（2）推车式。先去掉铅封，按逆时针方向旋转手轮即可灭火。

3. 泡沫灭火器的使用

泡沫灭火器同样有手提式和推车式两种，其使用方法如下。

（1）手提式。一种是手提提环，距火源6~8米，将筒体颠倒，让射流对准燃烧物；另一种是拉出保险销，将喷嘴对准火源根部，按下压把，喷泡沫灭火。

（2）推车式。先按逆时针方向转动手轮，将螺杆升到最高位置，使瓶盖完全开启，然后将筒体倾倒，使拉杆触地，对准火源，手持喷筒，扳开阀门，喷射灭火。

4. 消防水带的使用

取出消防水带（一般为20米），展开消防水带，一个接头靠近消防栓，一个接头尽量靠近火源，将靠近消防栓的接头接上消防栓，另一头接上喷枪，打开消防栓开关供水，紧握喷枪，对准火源喷射推进。注意每次使用完后要用清水洗净、晾干。

附 录

仓库账卡与记录范本

范本一

仓库记录一览表

记录名称	责任部门	记录要求	保管要求	保管期限

范本二

物料管制卡

物料名称			料号		储放位置	
物料等级		(1) A	安全存量		订购点	
		(2) B				
		(3) C	最高存量		前置时间	

日期	入库	出库	结存	签名	日期	入库	出库	结存	签名

范本三

存料管理卡

名称：		规格：			最高存量：			最低存量：		
编号：		存放位置：						订购量：		

日期	收发	收料记录			生产批令号码	领料单位	发料记录		结存记录			核对
		数量	单价	金额			数量	金额	数量	单价	金额	

附录 仓库账卡与记录范本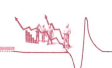

范本四

物料库存卡

物料名称	物料编号	供应厂商	交货期间	每日预计使用量	最低库存量	物料单号码	收件量	发出量	结存量	说明

范本五

最低存量				储位	库架层格					
请购点				编号						
请购量				名称						
最高存量				规格						
年	月	日	凭证	摘要	收入	单价	发出	结存	请购登记	备注

范本六

存量管制卡

姓名：		单位：		库号：		请购点：		采购前置时间：		
规格：		架位：		组立形式及数量：		请购量：		月拨发量：		
件号：		图号：				安全存量：		每月平均拨发量：		
日期	凭单号码	摘要	入库收/欠收	出库发/欠发	结存数量	请（订）购量			分配		
						请（订）购量	请求交货日期	总请（订）购量	分配量	计划使用日期	总分配量	可利用量

附录　仓库账卡与记录范本

范本七

料位卡（一）

料位卡（专案）
编号
品名
规格
单位
预算
数量

（专案料品用：浅红色）

料位卡（二）

料位卡（备品）
编号
品名
规格
单位
基本用途

（备品及常备料用：青绿色）

料位卡（三）

料位卡（滞料）
编号
品名
规格
单位
基本用途
滞存部门

（滞料用：黄色）

料位卡（四）

料位卡（一般）
编号
品名
规格
单位
基本用途

（一般料用品：白色）

料位卡（五）

料位卡（包装、配件）

编号 _____

品名 _____

规格 _____

单位 _____

基本用途 _____

（包装、配件材料用：朱红色）

范本八

材料编号表

年　　月　　日　　　　　　　　　　　　　　　　页次

类号		材料编号	材料名称规格	类号		料号	材料名称规格
大	小			大	小		

主管：　　　　　　　　　　　制表：

附录　仓库账卡与记录范本

范本九

材料资料及编号表

年　　月　　日　　　　　　　　　　　　　　　　　　页次

类别		料号	材料名称	规格说明	用途代号	单价	供应厂商	代用件编号
大	小							

审核：　　　　　　　　　　　　　　　　　　制表：

范本十

半成品/成品入仓单

生产部门：　　　　　　　　　　　　　　　　　　　　　　　　No.
生产单号：　　　　　　　　□半成品　□成品　　　　　　　日期：

物料编号	品名	规格	单位	生产批量	入仓数量	品管判定	实收数量	备注

仓管员：　　　　　　　　　品管员：　　　　　　　　　生产物料员：

范本十一

材料入仓单

厂商名称： No.
厂商编号： 日期：

订单号码	物料编号	品名规格	单位	送货数量	检验损耗	品管判定	实收数量	备注

PMC： OQC： 仓管员：

注：（共4联：生产联、PMC联、货仓联、财务联）

范本十二

预备材料收发记录表（料库用）

材料编号名称		规格		料位		单位					
设定日期		请购点		经济批量							

耗用量记录	月份	1	2	3	4	5	6	7	8	9	10	11	12	合计
	去年													
	预算													
	实际													

请购记录	年月日	请购号码	请购部门	请购量

年		摘要	单据号码	收料	发料	结存	备注
月	日						

附录　仓库账卡与记录范本

范本十三

入库日记表

单据种类：

验收单号	品名	规格	代号	单位	数量	单价	金额	厂商	请购单编号	备注

经理：　　　　　　　主管：　　　　　　　组长：　　　　　　　填表：

范本十四

材料搬运途径分析表

产品名称：　　　　　　　　　　　设计产量：　　　　　　　　　　　年　月　日

材料名称	类别代号	装载部门	送至部门	搬运途径	每月搬运数量	容器类别	换算容器个数	备注

附录　仓库账卡与记录范本

范本十五

搬运作业工作分析表

工厂：　　　　　　　　　　　　　产品：　　　　　　　　　　　　　产量：

物品名称	容器类别				搬运起点	搬运讫点	搬运距离	搬运工具及数量				重复	每日次数	备注
	散	箱	容器	其他				堆高机	输送带	人力	其他			

分析员：　　　　　　　　　　　　　审核：

范本十六

材料搬运分析表

物料性质分析：　　　　　　　　　　分析员：　　　　　　　　　　　　　日期：

类别			搬运项目	包装方式	容器尺寸			单位重量	形状	其他说明	搬运等级
物料	半成品	成品			长	宽	高				

附录　仓库账卡与记录范本

范本十七

搬运工具一览表

设备名称	搬运物品			搬运部门及途径			每月工作量（小时）					需求量
	名称	每月数量	单位	起	讫	途径	人力	装载	卸货	搬运	合计	

范本十八

搬运设备计划表

年　　月　　日　　　　　　　　　　　　　　　　页次：

设备名称			规格	
装置地点或使用单位				
初试		增添	改良	
设备能量			搬运地点	
用途			使用容器说明	
改变设施			人力及工资计算	
设备投资			成本及收益分析	

批示：　　　　　　　　　　　审核：　　　　　　　　　　　分析人：

注：按设备性质在"初试""增添""改良"中择一在空格打"√"。

范本十九

领料单

领料单位： 年 月 日 发料单位：

材料名称				材料编号		
生产命令单			需料地点		需料时间	
规格		单位	数量			
			请领	实发		
备注：						

发料主管： 发料： 领料主管： 领料：

注：本单共四联，第一联：存根；第二联：生管（加工） 物料 电脑 会计；第三联：生管（加工） 物料；第四联：生管（加工） 物料 生管（加工）。

范本二十

废料处理月报表

年 月 日 编号：

项次	物料名称	编号	料别	数量	原单价	原价值	处置	
							费用	收入

审核： 填表：

附录　仓库账卡与记录范本

范本二十一

废料处理报告单

年　　月　　日　　　　　　　　　　　　　　　　编号：

物品名称		物料编号		数量	
处理方式	（1）废弃 （2）转作其他用途 （3）转售 （4）改造				
处置说明					
损失分析	账面价值 处置收入 处置支出 损失金额或价值				

审核：　　　　　　　　　　　　　　　　经办人：

范本二十二

呆料处理月报表

年　　月　　日　　　　　　　　　　　　　　　　编号：

项次	名称	编号	料别	数量	原单价	原价值	处置	
							费用	收入

审核：　　　　　　　　　　　　　　　　填表：

范本二十三

呆料废料处理计划表

目次	类别			名称规格	数量	账面价值	呆废时间	拟处置方式				处置后价值	处置费用	批示
	原料	材料	其他					转售	废弃	改造	转用			

审核：　　　　　　　　　　　　　　　　填表：

范本二十四

废品处理清单

单位：　　　　　　　　　　　年　　月　　日　　　　　　　　　字第　号

废品名称	形质	单位	数量	拟处理办法				标售底价		备注
				保留	集运	废弃	标售	单价	全额	

主管：　　　　　　　　　　　　组长：　　　　　　　　　　　　经办人：

附录　仓库账卡与记录范本

范本二十五

物料库存抽查明细表

年　　月

编号	名称	规格	单位	库存数量	账存数量	盈亏情形		储存日期	备注
						数量	百分比		

盘存者：（财）　　　　　　（计）　　　　　　（工）　　　　　　（厂）

范本二十六

盘点盈亏表

日期：

盘点票号	物料编号	品名规格	单位	实盘数量	账目数量	差异数量	差异原因	单价	差异金额

制表人：

范本二十七

收发结存日报表

厂别：＿＿＿＿＿　　　　　　　　　　　年　月　日　　　　　　　　　　　单位：

规格	上日库存	本日库存	本日出库			本日库存	入库累计	销售累计	自用累计	再加工累计	备注
			销售	自用	再加工						

成本科：　　　　　　　　　　　　料务科：　　　　　　　　　　　　制表：

注：本表为五联式：第一联存会计处；第二联存经理室；第三联存该事业部；第四联存成本科；第五联存料务科。

参 考 文 献

[1] 张妍，庞丽艳. 仓储作业［M］. 武汉：武汉大学出版社，2015.

[2] 李育蔚. 仓储物流精细化管理全案［M］. 北京：人民邮电出版社，2015.

[3] 张洪革，孙宏英. 仓储与配送管理：理论、实务、案例、实训［M］. 大连：东北财经大学出版社，2014.

[4] 刘继萍. 优秀仓管员岗位技能手册［M］. 北京：中国劳动社会保障出版社，2014.

[5] 张议，戴敏华. 仓储与配送实务理实一体化教程［M］. 成都：西南交通大学出版社，2013.

[6] 林勇平. 出入库作业实务［M］. 北京：机械工业出版社，2013.

[7] 熊金福. 仓管员岗位培训手册［M］. 广州：广东经济出版社，2011.

[8] 中国物流行业岗位规范指导丛书编委会. 物流企业仓储作业岗位管理［M］. 北京：中国海关出版社，2008.

[9] 尹刚. 优秀仓管员工作技能手册［M］. 北京：中国时代经济出版社，2008.

[10] 朱春瑞. 杰出仓库管理员工作手册［M］. 北京：中华工商联合出版社，2007.

[11] 熊金福. 仓管员岗位职业技能培训教程［M］. 广州：广东经济出版社，2007.

[12] 李洛嘉. 模拟库管员岗位实训［M］. 北京：高等教育出版社，2006.

[13] 张屹. 物料使用的过程控制［M］. 北京：经济管理出版社，2005.

[14] 刘鹏生，向壮丽. 优秀仓管员手册［M］. 广州：广东经济出版社，2005.

[15] 黄文才. 仓库保管员从业规范［M］. 北京：中国经济出版社，2004.

二、仓库货区规划的原则

对于辅助生产区和行政生活区，库管员只需要大致了解其在仓库的位置区规划原则即可；而对于仓库的主要设施——生产作业区的规划，库管员则需要详细地掌握。要想对仓库的货区进行合理的划分，库管员必须遵循以下原则。

（一）符合作业流程

仓库货区的划分要根据仓库作业的程序，保证货物的装卸、验收、入库、储存、出库、盘点、搬运等相对便利，从而提高仓储作业的效率。

（二）减少搬运距离

仓库货区的划分要尽可能减少储存物品及库管员的运动距离，以提高仓储劳动效率，节约仓储费用。

（三）减少无效工作

仓库货区的合理规划，要有利于仓库在作业时间内有效利用，从而避免工作无效、重复，避免时间上的延误，使各个作业环节有机衔接，尽量减少人员、设备的窝工，防止物品堵塞。

（四）合理利用空间

仓库货区的合理布置要有利于充分利用仓库面积和建筑物的空间，杜绝仓库面积和建筑物空间上的浪费，以提高仓库的利用率和经济效益。

（五）安排配套设施

仓库货区的布置要有利于仓库的各种设施、储运机具效用的充分发挥，提高设备效率及劳动效率。

（六）注重仓库安全

库货区的合理布置还要有利于包括仓储物品、仓储人员、仓储设施和仓储机具在内的整个仓库的安全。

三、仓库货区规划的要求

在对仓库货区进行规划时，首先应该考虑合理安排库房、货棚及货场的位置，然后通过规划储货区的道路，将各种设施紧密地联系起来。

（一）确定货区的布局

1. 确定库房的位置

库房位置的选择要考虑其储存物品的吞吐量、搬运的复杂程度和安全性质。例如，一般